慰安婦（公娼）問題
関連用語——解説

長尾秀美

ブックウェイ

出版に寄せて

誤謬を排除する――「遺物」

日本の朝鮮半島統治に抵抗して起きた「三・一独立運動」の100周年に当たる2019年3月1日、文在寅大統領は演説で「当時、7,500人の朝鮮人が殺害された」と指摘した。

だが、この死者数は2月に韓国の政府機関が公表した「最多934人、最小725人」との推計値と大きくかけ離れていたことが指摘されている。

文氏は「親日の精算」を行い未来に進みたいのだという。リアリズムのかけらもない〝妄想国家〟とどのような将来の隣国関係を描けるというのか。

「慰安婦」「徴用工」…歴史問題で根拠のない数字や主張が是正されることなく拡散し、日本が貶められ続けている。

哀れなのは日本の若者たちである。国際社会に出れば、歴史問題で事実無根の日本非難に遭遇する。反証・反論もできず、不本意ながら謝罪するか、罪の意識を植え付けられる。

最近でこそ、日本の外務省は、欧米紙による事実誤認の慰安婦報道などに反論を投稿するようになった。だが、是正を求める行為自体、「歴史修正主義」のレッテルを貼られてしまう。

祖国への誇りと偏らない歴史理解を持てない大人が育つ悪循環は容易に断ち切れない。

長尾秀美さんはリアリズムに立脚した作家だ。在日米海軍司令部時代に培った知識と情勢判断力を駆使し、日米同盟に関する優れた著作や論文を発表してきた。

執筆と思索の日々を送りながら、日本独自のキリスト教信仰を追求した内村鑑三の著作と出会い、「後世に何が遺せるか」を自問する。やがて歴史問題の「誤謬の影響」を排除する努力を重ねることだ、と思い至った。

現存する資料や過去の研究と格闘した。慰安所、慰安婦の総数、朝鮮人の比率…抽出した用語ひとつ一つに冷静な説明と推計が施されている。言葉が真実を取り戻すための地道な作業だ。その結果、韓国だけでなく歴史論争に関わる日本の識者や大手メディアが、嘘と固定観念にいかに縛られてきたかが、浮き彫りにされる。

「合理性のない主張を放置」すれば日本人と韓国人双方が誤った評価を後世に残す。著者の謙虚な問題意識は全体の通奏低音となり、個々の記述に説得力を与えている。

歴史論争に参画する多くの人に読んでほしい。

産経新聞外信部長兼論説委員　渡辺浩生

■まえがきⅠ

(1) キリスト教信奉者だった内村鑑三氏は、1904年、キリスト教の夏季学校講演で以下のように語った[出典：内村鑑三『後世への最大遺物・デンマルク国の話』1976年、岩波文庫、p. 16-17]。

しかしながら私にここに一つの希望がある。この世の中をズット通り過ぎて安らかに天国に往き、私の予備学校を卒業して天国なる大学校にはいってしまったならば、それでたくさんかと己の心に問うてみると、そのときに私の心に清い欲が一つ起ってくる。すなわち私に五十年の命をくれたこの美しい地球、この美しい国、この楽しい社会、このわれわれを育ててくれた山、河、これらに私が何も遺さずには死んでしまいたくない、との希望が起ってくる。…。私はここに一つの何かを遺して往きたい。

人が後世に何を遺すかについて、内村氏は4つの方法を説く（＊概略、p. 35-36、p. 54、p. 68-69）。

① お金を遺す。
② その才能がない人は、事業を遺す。
③ 事業を起こす才能も地位もない人は、思想（著述）を遺す。
④ 誰もが本を書ける訳ではない。では誰もが後世に遺すことができる最大の遺物とは、勇ましい高尚なる生涯、真面目なる生涯を送ることだ、と。

(2) ①と②のお金や事業はやや生臭いが、真面目にそうした努力を積み重ねることは世の中の役に立つ。問題は③だ。著述内容に誤謬がある場合、著者本人が訂正すれば事なきを得る。しかし著者が頑なに訂正を拒否したり、そのまま他界したりすることもある。そうなると④が重要になる。

「勇ましく高尚なる生涯を送る」ことの1つは、誤謬の影響を排除する努力を重ねることだ。

(3) 現在、日本と大韓民国（＊以後、韓国とする）は、著述の不備もあり、1990年代から甚だしくギクシャクしたままだ。韓国は日本に対し千年の恨（朝鮮語）を抱いていると言う。その理由のいくつかが著述の不備に基づくなら、日本はその不備を正さなければならない。漢方薬の世界には、「百草をなめ、一薬を知る」という言葉がある。一悪をなめたままにすれば、百の雑草が蔓延る。農家は言うまでもなく、家庭菜園を作っている人たちは、苦労して生命力が強い雑草を1つずつ抜いている。

(4) この慰安婦（公娼）問題関連用語解説は、上記の意図で編纂した。断っておくが、私（編纂者）は韓国でお世話になった人たちのことを忘れてはいない。本書表紙に3枚の写真を掲げた。1971年8月、私たち日本人大学生30人は、韓国人大学生30人、アフガニスタンやアメリカ人大学生など10人程と共に、ユネスコの活動で韓国を訪れた。小学校に2週間寝泊まりし、鍬やスコップを使って道路整備に携わった。休憩時間や仕事が終わった後、英語でみんなと語り合い、楽しい時間を過ごした。3枚はその時の写真だ。2カ所のホームステイ先では、話題ごとに韓国語、日本語、英語が話され、和やかな雰囲気を満喫させていただいた。今記憶にあるのはソウル国立大学の金周姫さん、兄貴分だった李さん、知的だった孫さんだけで、当時の資料を探したけれども参加者名簿を見つけることはできなかった。尚、私は1972年8月にもユネスコが主催した韓国でのワークキャンプに参加した。2年目だったこともあり、1つのグループを任された。整地作業の時、みんなに号令を掛けようと1メートル程うずたかくなったところへ登った。そうしたら、韓国の大学生に、「それはお墓だよ」と言われ、慌ててそこから降りた。大変失礼なことをしたが、これは私が文化の違いに無知だったことを示す例だ。但し、慰安婦問題は文化の違いに根差すものではない。

まえがきⅡ

私は、この解説一覧が慰安婦問題の論点や日本と朝鮮との関係を網羅すると盲信してはいない。しかし全体像を把握することはできると自負している。記述内容や私見に対する批判は甘んじて受けるが、以下に述べる私の立場を理解してもらえれば幸いだ。

(1) 私はできる範囲で資料を調べ、整理した。その過程で公娼制度に焦点を当てた。法学者としての知見を持たない私だが、この制度が慰安婦問題で重要な役割を果たしたと考えている。と同時に、同制度が女性の人権侵害に関わっていることも理解している。しかし、合理性のない主張を放置し、日本や韓国の子々孫々に、無節操・無恥・無定見という評価を定着させたくない。後世に何を遺すかとなれば、そんな評価をできるだけ軽減させたい。

(2) 私は、時の政府が戦地に慰安所設置を認可したことが過ちだったと考えている。その理由は、軍人が本分を忘れ、政治に関わり、国民を守ろうとしなかったからだ。

(2.1) 1882年、明治天皇が出された「陸海軍軍人ニ下シ給ヘル勅諭」(*軍人勅諭)は、軍隊の歴史を紐解いた上で、軍人が守るべきこととして5つの基本徳目を掲げている。

一 軍人は忠節を盡すを本分とすへし
一 軍人は禮儀を正くすへし
一 軍人は武勇を尚ふへし
一 軍人は信義を重んすへし
一 軍人は質素を旨とすへし

訓諭の中には、「世論に惑はす政治に拘らす只々一途に己か本分の忠節を守り」とある。軍人はこれを遵守しなかった。明治憲法下、1945年8月15日まで28人が首相を務めたが、8人が陸軍、6人が海軍からだった。国の方針は内閣が決定する。ところが、法制上の根拠がないにも拘らず、戦前戦中の五相会議、四相会議、三相会議には陸相と海相が参加し、閣議に代わって政策上の決定をも行っていた[出典：外務省外交史料館日本外交史辞典編纂委員会編『新版日本外交史辞典』1992年、山川出版社、p. 314]。又、陸軍と海軍との対立により内閣が総辞職に追い込まれたこともあった[出典：同上、p. 1033]。東日本大震災が発生した2011年に陸上幕僚長だった火箱芳文氏は、『国民を守るために』という対談で、「自衛隊と言うのは、政治が出動するか否かの大きなことを決定してもらえばいいのです」と言っている[出典：『原子力文化』2019年2月号、日本原子力文化財団、p. 8]。

(2.2)　日本は、1894～95年の日清戦争で国家予算の3倍、1904～5年の日露戦争で同6倍の戦費を使った[出典：戦費でみる大東亜戦争の異常性 GDP換算4400兆円の驚異、https://ironna.jp/article/3827、2018年11月10日閲覧]。死者は前者で13,800人、後者で115,600人だったが、第2次世界大戦では230万人（＊市民80万人を除く）の死者を出した[出典：戦争による国別犠牲者数、https://www.hns.gr.jp/sacred_place/material/reference/03.pdf、2019年2月21日閲覧]。政府と軍人は日清・日露の教訓を活かさなかった。

(2.3)　戦地とはそもそも婦女子を連れ出す場所ではなかった。戦争の長期化を言い訳にして貧困に喘（あえ）ぐ婦女子を戦地へ送ることは、生活を成り立たせるためだとしても、政府と軍の傲慢さの象徴だった。斎藤環（筑波大学社会精神保健学）教授が述べた意図とは異なるだろうが、慰安婦を求めた彼らの行為は、安易な「性差別による性の消費」だった[出典：NHKマイあさラジオ、午前6時43分、社会の見方・

私の視点、2019年1月21日聴取]。

(2.4) さらに言えば、軍の要請があったからこそ、営業者は慰安婦を連れて戦地に赴いた。当時、「勝馬に乗り遅れるな」という大政翼賛会を中心とする翼賛体制が国全体に広がっていた。そんな風潮の下、営業者や慰安婦は、軍が側にいれば営業できるだろうと安易に考えた。しかし、戦況の推移を見た彼らが避難・帰国を考えた時、陸路・海路にしろ、簡単にチャーター便(バス、トラック、船、飛行機)を確保できる環境は整っていなかった。軍の方針と営業者などの自己責任とに一線を画すことは妥当としても、軍人は国民を守るという本義を忘れていた。

以上の理由から、私は、日本政府が慰安婦となった女性全員に対し衷心から謝罪するべきだと考える。アジア女性基金は役割を終えているが、日本人慰安婦に対しても何らかの事業が必要だと考える。

まえがきⅢ

(1) 補足的な事柄に触れる。慰安婦問題の結論を出す際、嘘、固定観念、甘えを考慮することも大切だと考える。これは白と黒、右と左という二元的な仕分けに対し、それが果たして正鵠を射ているのかを問う1つの手段だ。

諺(ことわざ)の「艱難汝を玉にする」には、人は困難や苦労を乗り越えることによって、初めて立派な人間に成長するという意味がある。これは西洋の諺の意訳と書いてあり、地中から掘り出された粗玉が、磨かれて美しい玉になるという意味から、と説明されている[出典:艱難汝を玉にす - 故事ことわざ辞典、kotowaza-allguide.com/ka/kannannanjiwotamanisu.html、2019年1月26日閲覧]。その美しい玉には種々の色が混交しているかもしれない。しかし玉ならば、上下左右はないし、保守革新もない。

綺麗に磨かれてこそ玉になる。言い換えると、合理的に磨いてこそ、議論は玉となる結論を出すことができる。
以下に嘘、固定観念、甘えについて、学者の考え方を引用する。

(1.1) 末弘厳太郎法学博士は嘘について以下のように書いている[出典：末弘厳太郎 嘘の効用、雑誌『改造』1922年7月号、https://www.aozora.gr.jp/cards/000922/files/45642_28592.html、2019年1月25日閲覧]。

1. われわれは子供のときから、嘘をいってはならぬものだということを、十分に教えこまれています。おそらく、世の中の人々は -- 一人の例外もなくすべて -- 嘘はいってはならぬものと信じているでしょう。
　実をいうと、全く嘘をつかずにこの世の中に生き長らえることは、全然不可能なようにこの世の中ができているのです。そこで、われわれお互いにこの世の中に生きてゆきたいと思う者は、<u>これらの嘘をいかに処理すべきか、というきわめて重大なしかもすこぶる困難な問題を解決せねばなりません。なにしろ、嘘をついてはならず、さらばといって、嘘をつかずには生きてゆかれないのですから。</u>
8. 子供に「嘘つき」の多いのは親の頑迷な証拠です。<u>国民に「嘘つき」の多いのは、国法の社会事情に適合しない証拠です。その際、親および国家の採るべき態度はみずから反省することでなければなりません。</u>

(1.2) 臨床心理学者のリサ・ファイアー博士は、人がなぜ嘘を吐くのかについて、2013年9月23日付けウェブサイトで以下のように述べている[出典：Why We Lie and How to Stop ¦ Psychology Today, https://www.psychologytoday.com/.../201309/why-we-lie-an…,

Lisa Firestone, Ph.D., is a clinical psychologist, an author, and the Director of Research and Education for the Glendon Association、2019年1月25日閲覧]（＊編纂者による翻訳）。

『人はなぜ嘘をつき、どうすれば嘘を止められるか——嘘をつけばつく程、いずれ我が身を傷付ける』

“Something’ s Gotta Give”（＊邦訳『恋愛適齢期』）という映画に、本当のこと（真実）について1つの現実を簡潔に捉えた場面がある。ダイアン・キートン（＊主演女優）は、愛しているジャック・ニコルソン（＊主演男優）が他の女とデートをしている現場を見てしまう。後ろめたさを覚えて取り乱した彼は、彼女をレストランから追い出す。そして後を追った彼は彼女に、「僕は君に嘘を言ったことはない、君には僕なりにいつも本当のことを言っていた」。その言葉を聞いた彼女は、「本当のことって、あなたの解釈とか私の解釈じゃないのよ。分かっているでしょう？」と言い返した。これこそ本当のことなのだ。本当のこととは1つの物事に対し、多くの側面を持つと言える。そして本当のことは複雑だし、理解しがたいかもしれないが、1つの解釈はできる。ところが私たちの多くは本当のことについて問題を抱えている。私たちは目にも明らかな嘘つきではないが、確かに私たちは自分たちの生活をより心地好くするために本当のことを隠す。それは仕事上のことや人間関係や午後の過ごし方にしても、本当のことがそれを壊さないようにするためだ。

ベラ・デパウロ博士は、日々他人と交わる中で、人は5回に1回嘘をついていると言う。『嘘の見分け方』を書いたパメラ・メイヤーは、TEDトークショーで、私たちは1日に20から100回も嘘をつかれていると述べた。私たちが作り上げた世の中とは、一体どのくらい正直なのだろうか、と考えることが重要だと説く。私たちはどのくらいの頻度で嘘をついているのだろうか？　その裏側で、私たちはいろいろな方法で他人に本当のことを隠すように仕向けているのだろうか？

人はこれくらいなら大丈夫だ、あるいは相手が聞きたがっていることを言えばいい、と考え、本当のことの全体を隠し、一部だけを言ってしまうことが多い。人は無意識に、あるいは直ぐに分かるようなことで、現実を糊塗するような嘘をつくこともある。こうした嘘が人間関係を傷付けたり壊したりすること自体は特に驚くべきことではない。他人を守るためという名目でついた嘘も、後で自分自身に罪悪感を与えることがある。なぜなら、正直でなければ自分が強い意志を持つ人格だと思わなくなるからだ。以下に掲げるのは、人がいろいろな方法で嘘をつき、その結果、嘘が人生のあらゆる面で人を傷付けるという例証だ。

続いてファイアー博士は嘘に関わる５つの特徴を掲げている。ここでは内容を説明しないが、その特徴は以下の通りだ：①対応の抑制、②事実を省略する嘘、③誇張、④自己防衛、そして⑤噂話又は直接当事者に対峙しない会話。

(1.3)　固定観念とは、共通のテーマに対し、個人的かつ無意識に組織化される感情、記憶、知覚及び願望などの中核となるもの。固定観念の存在は、深層心理学分野で広く認められていて、人の潜在意識から来る、人格の最も重要な部分だと主張する心理学の１分野になっている。固定観念はカール・ユングやシグモンド・フロイトの提唱により、個人の態度や行動に影響を及ぼすものとされている。固定観念は自発的に作用し、記憶と意識の作用を乱し、意思が志向することを妨げるものだと考えられている[出典:Complex (psychology) - Wikipedia、https://en.wikipedia.org/wiki/Complex_(psychology)、2019年1月25日閲覧]。

(1.4) 誰もが知っているように、赤ちゃんは母親に甘える。では大人が社会で甘えるとはどういう意味だろうか。精神医学の専門家だった土井健郎博士は、全共闘の学生などのニューレフトに触れ、以下のように書いている[出典：土井健郎『「甘え」の構造』1971年、弘文堂、p. 199-201]。

彼らは却って被害者と同一化してしまうのである。この同一化は自己否定と同時に起こるといった方が正確であろう。というのは彼らはまさに被害者と同一化することによって自己の固有の存在を否定し、またそれ故に罪悪感をも止揚してしまうと考えられるからである。かくして彼らは自らも被害者となって、被害者を見逃す人々を詛(のろ)ったり、あるいはもっと積極的に加害者を攻撃するようになる。この際出発点の自己否定に無理があればあるだけ、そこから結果する行動は戦闘的暴力的とならざるを得ないのである。…。ここでしかし誤解を避けるために一言しておくが、私は加害者を攻撃し非難することがすべて間違っているといっているのではない。罪は責めらるべきである。しかしもしこの際、それによって自己自身の罪悪感がふっとぶようならば問題である。

(2) 2019年1月26日、大坂なおみ選手がテニスの4大大会の1つとなっている全豪オープンで優勝した。昨年秋の全米オープンに続く快挙だった。第1セットを辛うじて取ったものの、第2セットは競り負けた。休憩後の第3セットでは落ち着きを取り戻していたようだ。これについて彼女は、試合後、「空洞だった。ロボットみたいに命令を実行していただけ」だったと言う[出典：産経新聞2019年1月28日、産経抄]。
大坂選手の勝利は勿論厳しく苦しい練習に裏打ちされたものだ。しかし第3セットに臨んだ彼女は、心身一体という昇華された状態にあったのだろう。彼女は勝つという欲望から脱皮し、目の前に飛翔するボールだけに反応していた。

日本も韓国もこれ以上慰安婦問題に振り回されてはならない。玉となる結論を出し、前に進むべきだ。

平成31年(2019年)4月

長尾秀美

基本用語

慰安所：戦地に設置された買売春施設

営業者：公娼（稼業婦）の抱主、雇用主、楼主

稼　業：公娼又は私娼として売春すること

稼業婦：妓女、特殊婦人、醜業婦、娼妓、娼婦、乙種芸妓、第2種芸妓、酌婦、乙種酌婦、妓生（一牌、二牌、三牌）、蝎甫（＊カルボー）、隠君子など稼業を営む女性

貸座敷：特殊料理屋、特殊料理店、乙種料理店、第2種料理店、陸軍ではピー屋、海軍ではレスなど、中国漢口では楽戸、稼業婦が営業していた建物、但し朝鮮では客主、酒幕、賞花室など私娼が営業していた建物を含む

芸　妓：歌舞や音曲などで酒宴の座に興を添えることを業とする女性。芸者、芸子。但し、境界線が曖昧になることもあった[出典：芸妓、コトババンク、https://kotobank.jp/word/ -488297、2018年3月8日閲覧]

公　娼：警察当局で登録した稼業婦、娼妓

私　娼：警察当局で登録していない売春婦

指定区域・地域、制限区域・地域：貸座敷での営業が認可された場所

注

1　資料A－Eは引用頻度が多いので下記に掲げた。その他の参考文献については個々に引用した。

2　資料を引用する際、編纂者の責任で古い書き言葉の一部を現代語に直した。

3　必要に応じ、（＊）内に補足説明を加え、注意を促すために下線を引いた。

4　日本の元号による記述では、原本に記載がなくても、西暦を加えた。

[5] 便宜上、大東亜戦争（太平洋戦争）終結まで朝鮮半島に住んでいた人たちを朝鮮人と書いている。

資料A：『日本軍「慰安婦」関係資料集成〈上〉〈下〉（鈴木裕子、山下英愛、外村大《編》）』（2006年、東京、明石書店）（＊この資料は資料Bに含まれる手書き文書を印字し直し、関連資料と考察を加えたもの）

資料B：『政府調査「従軍慰安婦」関係資料集成①～⑤』（1998年、東京、龍渓書舎）（＊この資料は政府などが保存している慰安婦関連の文書を復刻させたもので手書き文書を含む）

資料C：佐久間哲　南海の慰安所（ラバウル、パラオ、トラック、マリアナ諸島）、ニッポンリポート　従軍慰安婦を調べる編　従軍慰安婦の体験談等メモ・1－7及び9－12　[出典：ウエブサイト、南海の慰安所（ラバウル、パラオ、トラック、マリアナ諸島）（satophone.wpblog.jp/?p=2886）、2018年3月8日より閲覧]（＊この資料は主として内南洋関係の追憶・自伝・評論などを読み、その著者名と慰安所・慰安婦の引用箇所を抜き出し、原本のページ番号を記載したもの）

資料D〈上〉〈下〉：『証言　未来への記憶　アジア「慰安婦」証言集　I、II－南・北・在日コリア編』アクティブ・ミュージアム「女たちの戦争と平和資料館」編　西野留美子・金富子　責任編集　（2010年、東京、明石書店）（＊この資料は元慰安婦25人の証言を聞き取ったもの）

資料E：『証言　強制連行された朝鮮人軍慰安婦たち』（1993年、東京、明石書店）（＊この資料は当初名乗り出た110人の慰安婦の中から、19人の証言を聞き取ったもの）

目次

I. 売春

II. 公娼制度

III. 慰安所

Ⅳ. 慰安婦

Ⅴ. 朝鮮半島

Ⅵ. 政府

Ⅶ. 国連

Ⅷ. マスコミ

Ⅸ. 慰安婦像・慰安婦碑

Ⅹ．各種団体

Ⅺ．戦後慰安施設

Ⅻ．戦時朝鮮人労働者

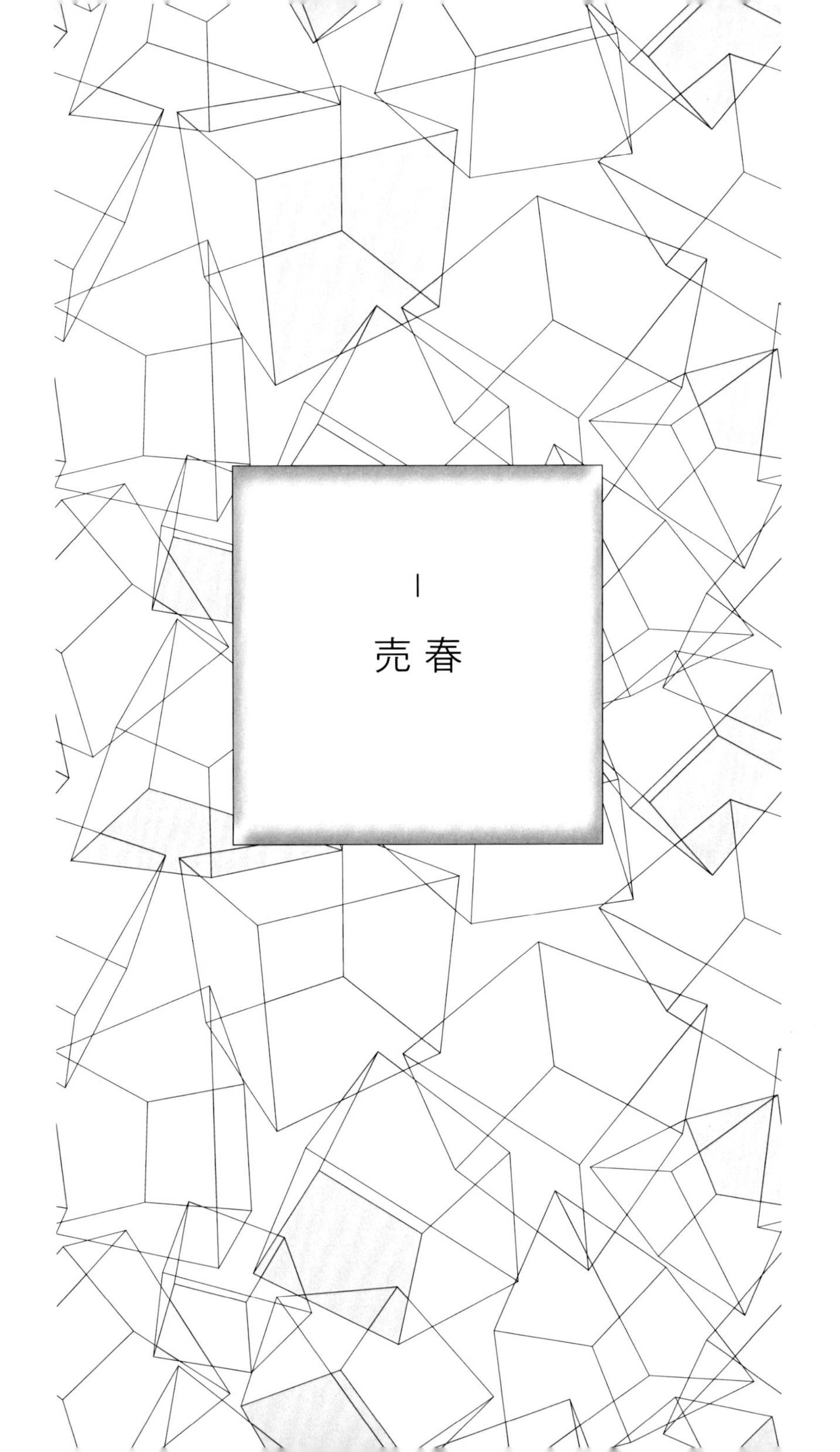

I
売春

売春

(1) ブリタニカ国際大百科事典は、売春を以下のように説明している［出典：売春、ブリタニカ国際大百科事典 小項目事典の解説、https://kotobank.jp/word/、2019年1月5日閲覧］。

> 通常，配偶者やパートナー以外の個人を相手として，金品の即時受け取りと引き換えに性行為に従事すること。売春従事者は男女いずれの場合もあり，異性間もしくは同性間の性行為を行なうが，歴史的に売春従事者の大半は男性を客とする女性である。売春は非常に古くから世界的にみられた。…。
>
> 売春従事者は，なんらかのかたちで一般人から区別される場合が多い。古代ローマではひと目でそれとわかる衣服の着用を義務づけられ，ユダヤ法では外国人女性だけが売春を許された。第2次世界大戦前の日本では，売春婦は都市の特定区域に住むことが義務づけられていた（→遊郭）。中世ヨーロッパでは，売春は免許制事業で法律によって規制されていたが，16世紀までには性感染症の蔓延と宗教改革後の道徳観により，売春宿は閉鎖された。
>
> 1899年には，売春目的の女性の人身売買を禁じる国際的な取り組みが始まった。1921年，国際連盟は婦人および児童の売買に関する委員会を設置し，1949年の国連総会で売春に歯止めをかけることを目指して「人身売買および他人の売春からの搾取の禁止に関する条約」が採択された。…。
>
> それらの法規制がありながら，売春はいまも欧米の多くの都市で黙認されている。オランダでは売春従事者の多くが専門職労働組合に加入しており，北ヨーロッパ諸国では衛生面を重視した政府の規則により，頻繁な健康診断が義務づけられ，性感染症罹患者は無料で強制入院させられる。（以下略）

(2) 上記記述からも分かるように、売春は人類史上最も古い職業の1つだと言われている。近代以降、売春は倫理的に非難され、売春婦は人権侵害や人身売買の目的となるとして批判されている。しかしながら、ある時代のある社会の側面を切り取ると、売春が人々の生活の一部にあり、それが文化の一翼を担っていたことは事実だ。江戸幕府に続く明治政府が、売春を公認しつつも、これを取り締まることで、人権侵害や人身売買を制限しようとしたのも事実だ。これらの事実を現代の基準でのみ判断することは、時代錯誤と言える。法律の世界には、罪刑法定主義があり、刑罰法規不遡及の原則もある。

(3) 近代までの売春が日本の文化だったと言えば、国内外各方面から非難の声が上がるに違いない。しかし現実には伝統芸能となっている歌舞伎や文楽の演目には遊女が登場する。近代になっても、ノーベル文学賞を受賞した川端康成の『雪国』、永井荷風の『墨東奇譚』、樋口一葉の『たけくらべ』、水上勉の『五番町夕霧楼』など有名な小説にも売春婦が登場する。

売春取り締まり

(1) 売春は江戸時代より日本各地で盛んになった。京都伏見には忠臣蔵の大石内蔵助が通った遊廓があり、江戸には元吉原に続き吉原に遊廓があった。遊廓が増えるに連れ、幕府は取り締まるようになったが、これには以下のような経緯もあった[出典：吉原遊廓、https://ja.wikipedia.org/wiki/、2019年1月5日閲覧]。

江戸幕府は江戸城の普請や武家屋敷の整備などを進める過程で、庶民や遊女屋などにたびたび移転を強制した。そのあまりの多さに困った遊女屋は、遊廓の設置を陳情し始めた。当初、幕府は相手にもしなかったが、数度の陳情の後、慶長17年(1612年)、元誓願寺前で遊女屋を営む庄司甚右衛門(元は駿府の娼家の主人)を代表として陳情した。その際、以下の3つの条件を提示した。

① 客を一晩のみ泊めて、連泊を許さない。

② 偽られて売られてきた娘は、調査して親元に返す。

③ 犯罪者などは届け出る。

この陳情は受理されたが、甚右衛門を惣名主として江戸初の遊郭、「葭原」の設置を幕府が正式に許可したのは、5年後の元和3年（1617年）だった。尚、幕府の許可がない遊女屋が集まっていた場所は岡場所と呼ばれた。

(2) 上記陳情で興味深いのは②と③だ。特に②については、明治政府が公布した公娼制度でも踏襲されている。

売春婦

売春婦は公娼と私娼に分けられる。日本では公娼制度の下で売春をする女性が公娼（娼妓）で、その他の売春婦は私娼だった。この公娼制度に関し、倉橋正直氏は、「公娼いよいよ廃止」（『婦人運動』一二巻四号、一九三四年四月）から以下を孫引きしている［出典：倉橋正直著『従軍慰安婦と公娼制度―従軍慰安婦問題再論』2010年、共栄書房、p. 84-85］。

「わが国の公娼制度は世界に類のないものです。国家として、売淫行為を適法とし、これを公認し、課税をかけてやってゐる処は世界に比類がありません。勿論私娼は世界至るところにあります。ヨーロッパでは、この種の私娼を公婦と称してゐますが、これは売淫業を許可されているのではなくて、衛生上、風紀上、監視を要する者として取り扱ひをうけるために登録されたる売笑婦のことを云ふのであって、日本の公娼とは全然、意味がちがふのであります」

売春防止法

(1) 日本は、1946年1月12日、「公娼制度廃止に関する件依命通達」を出し、同年2月20日をもって公娼制度関係法規を廃した。RAA（特殊慰安施設協会）(1)を参照。

(2) そして1956年5月、日本は売春防止法を公布した。その後について、倉橋正直氏は次のように書いている［出典：倉橋正直著『従軍慰安婦と公娼制度—従軍慰安婦問題再論』2010年、共栄書房、p. 99-100］。

> 売春防止法により、それまで娼妓を縛っていた前借金の契約は無効とされ、返済の義務もなくなる。公娼がいなくなったことから、検黴（けんばい）もなくなった。…。しかし、一方では今日も売春は昔と変わらないほどに盛んである。…。売春防止法によって、日本の売春の性格は変わった。そこで、同法以降の売春を、私は「現代の売春」と名づける。私のいう「現代の売春」のしくみのもとで、ソープランド業者と、そこで稼ぐソープランド嬢は、相互に独立しており、両者の間に、人身的な隷属関係はなくなる。後者には、外出の自由があり、また、いつでも廃業できた。

(3) 売春防止法に関し補足する。同法第3条は、何人も、売春をし、又はその相手方となってはならないと規定する。そして売春の勧誘や周旋をする者、買春をする女性に前借金を与えたり、契約をさせたりする者、場所を提供する者、売春宿を経営する者、そのために資金を提供する者を罰している。ところが同法には売春や買春をした当人を罰する規定はない。但し、買春の相手が未成年者だった場合、買春をした者は、都道府県の青少年保護育成条例ではなく、児童買春の罪を問われる［出典：青少年保護育成条例違反とは？…、https://izumi-keiji.jp/column/law/hogo-ikusei-jorei、2019年3月18日閲覧］。

性奴隷

(1) 戦地の公娼が性奴隷だったと言われるようになったのは、戸塚悦朗弁護士が1992年の国連人権委員会で慰安婦を性奴隷と表現してからだ。藤岡信勝氏はその経緯を以下のように説明している[出典：藤岡信勝著『国連が世界に広めた「慰安婦＝性奴隷」の嘘』2016年、自由社、p. 13]。

　戸塚悦朗著『日本が知らない戦争責任―日本軍「慰安婦」問題の真の解決に向けて』(2009年、現代人文社）の二八〇ページで、戸塚は次のように書いている。(引用にあたり括弧内の文献注記は省略した)

　<筆者は、九十二年二月、国連人権委員会で「慰安婦」を「性奴隷」(sex slave）と表現した。以後NGOは、国連で「性奴隷」を「慰安婦」の代名詞として使用してきた。九十三年六月、ウィーン世界人権会議で、日本政府は、戦時性暴力への対応を「現在」の侵害だけに限定すべきだと主張したが、会議は過去を含む「すべての」侵害に対応すべきだと決めた。九十五年九月、北京（第四回）国連世界女性会議でも、国連は、「性奴隷」を「慰安婦」の代名詞として使用した。日本軍の「慰安婦」という言葉が被害実態にそぐわないので、クマラスワミ報告書が「軍性奴隷」という言葉を提唱し、国連用語として定着した。>

(2)　戸塚氏は淡々とした筆致で、「性奴隷」が「慰安婦」の代名詞になったとしている。これだけなら一般人が特に驚くことはない。しかし藤岡氏の著作には以下の記述があり[出典：同上、p. 16-18]、戸塚氏の口吻と興奮とが紙面から飛び出すように伝わってくる。クマラスワミ氏と手を組み、満面笑みの戸塚氏が、まるで大量の枯れ木を積んだ焚き火の周りを踊っているようだ。

　慰安婦が性奴隷であったというのは、いかなる実証的な調査の結果でもなければ、事実にもとづく概念化でもない。

　戸塚氏がある日のこと、この言葉をふと思いついたのだという。それで、国連の場に持ちだしたら、状況が一変した。戸塚は一九八四年からジュネーブに足を運び、日本のいろいろな人権問題について提言してきたが、何を言っても全く見向きもされなかった。それ、「性奴隷」と言ったとたんに、人権理事会の各国の委員の目の色が変わった。あれは実にいいひらめきだった、と本人が述懐している。

…、調査団の一員である藤木俊一が詳細なレポートを書いている。それによれば、戸塚は、「性奴隷」という言葉の由来を、「私の勘だよ！　勘！」と言い、次のように語ったという。

「すごいだろ？　私は34年間国連に通い続け、20以上の日本が犯した人権侵害の問題を議案として提出し、ここで発言してきたが、どれ一つ取り上げられなかった。しかし、一九九二年に私が慰安婦を性奴隷と言い換えたことで、国連の委員たちが私の言うことに注目するようになったんだ。だからすごいんだよ」

「私が最初に性奴隷って言ったところは、人権委員会って大きなところだったんだよ。それで世界中にひろがったんだよ」

まさに、国連が「慰安婦＝性奴隷」説を世界に広めたのであり、その元を提供したのは自分であると、戸塚は鼻高々に自慢しているのである。

(3)　古代ギリシャの奴隷に関し、以下の記述がある[**出典：奴隷／奴隷制度(古代ギリシア)、https://www.y-history.net/appendix/wh010(2)-042.html、2019年1月17日閲覧**]。

資料アリストテレスの奴隷制度肯定論によれば、古代ギリシアにおいては、奴隷の存在は特に疑問視されることはなく、アリストテレスもその著『政治学』で、ポリス市民が完全な人間であり、奴隷は支配されるように生まれついた不完全な人間であるから、市民が奴隷を所有することは当然のこととしている。またそのような奴隷を獲得する戦争は、狩猟で獣を捕らえるのと同じ自然な行為だ、と言っている。

⑷ 奴隷は人身売買の対象となり、人を物品として扱うものだ。奴隷売買では、売買契約書があるとないに拘わらず、奴隷が契約に関わることはなく、金銭は与えられない。慰安婦の場合、本人又は両親と営業者とが契約書を交わして身を売るので人身売買の範疇には入るが、彼女たちが一足飛びに性奴隷になるわけではない。

性の搾取

(1) 性の搾取とは、普通、男が自分の性欲を満たすため、あるいは他の男たちの性欲を満たすために、女の性を商品として扱うことだ。その背景にあるのが男社会で、そこには家父長制、男の官僚主義、男の政治がある。

(2) 慰安婦に関し、木下博士は以下のように言っている[出典:木下直子『「慰安婦」問題の言説空間』2017年、勉誠出版、p. 245]。

「慰安婦」とされる存在は、民族や国籍の別を問わず、「慰安」する主体として捏造されている。つまり先に軍にとって都合のいい主体が仮構され、そこに生身の女性たちが宛がわれていくのであって、「慰安婦」は女性たちの申し出により現れた存在ではない。よって、たとえ日本人「慰安婦」とされた人々のなかに慰安所行きに「同意」した人がいても、「同意」に追い込まれたとみるべきであろう。その「同意」すら、自由な意思によるものとはいえない。女性が二等市民であるとき、自立的な「同意」はありえない。公娼制度があった日本では、女性はセクシュアリティを男性に管理される二等市民であり、性売買の現場にいた彼女たちはそのなかでも最下層に置かれていた。

(3) シモーヌ・ド・ボーボワール氏は、今より70年程前、著書の『第2の性』で「人は女に生まれるのではなく、女になるのだ」と述べた［出典：SparkNotes: The Second Sex, https://www.sparknotes.com/lit/secondsexSimone de Beauvoir、2019年1月21日閲覧］。さらに彼女は、同書（＊Important Quotations Explained 2）で次のようにも言っている（＊編纂者による翻訳）。

女の歴史というものがあるとすれば、それはすべて男が作り上げたものだ。これはアメリカにあるのが黒人問題ではなく、白人問題があることと同じだ。同様に、反ユダヤ主義はユダヤ人の問題ではなく、私たちの問題だ。従って、女の問題とは、古代より男の問題だった。

(4) 日本女性史研究者の山崎朋子氏は、売春婦について以下のように書いている［出典：山崎朋子『サンダカン八番娼館—底辺女性史序章』1972年、筑摩書房、p. 8、p. 13］。

これまで日本の歴史書は、奈良時代の『日本書紀』から今日の多くの歴史全集に至るまで、その大半が、支配する性としての男性によって書かれてきた。

近代日本の歴史において、資本と男性の従属物として虐げられていたものが民衆女性であり、その民衆女性のなかでももっとも過酷な境遇に置かれていたものが売春婦であり、そして売春婦のうちでも特に救いのない存在がからゆきさんであるとなれば、ある意味で、彼女らを日本女性の〈原点〉と見ることも許されるのではないだろうか。

(5) 木下博士やボーボワール氏や山崎氏の言葉を言い換えると、公娼であれ、私娼であれ、女性は男にとって都合の好い商品・従属物だった。斎藤環（筑波大学社会精神保健学）教授が述べた意図とは異なるかもしれないが、慰安所設置を要望して慰安婦を利用した兵士の行為は、「性差別による性の消費」だった［**出典：NHKマイあさラジオ、午前6時43分、社会の見方・私の視点、2019年1月21日視聴**］。朝鮮人や日本人に加え、スマランにいたオランダ人も承諾書に署名をして慰安婦になった。彼女たちの承諾が自立的な「同意」だったかどうかを問うことに意義はある。とは言え、慰安婦になる前となった後とを比べた場合、実際問題として、彼女たちにとってどちらの境遇がより耐えられやすかったのかという視点を見逃すべきではない。いずれにしてもその根底に性の搾取があったことは否定できない。

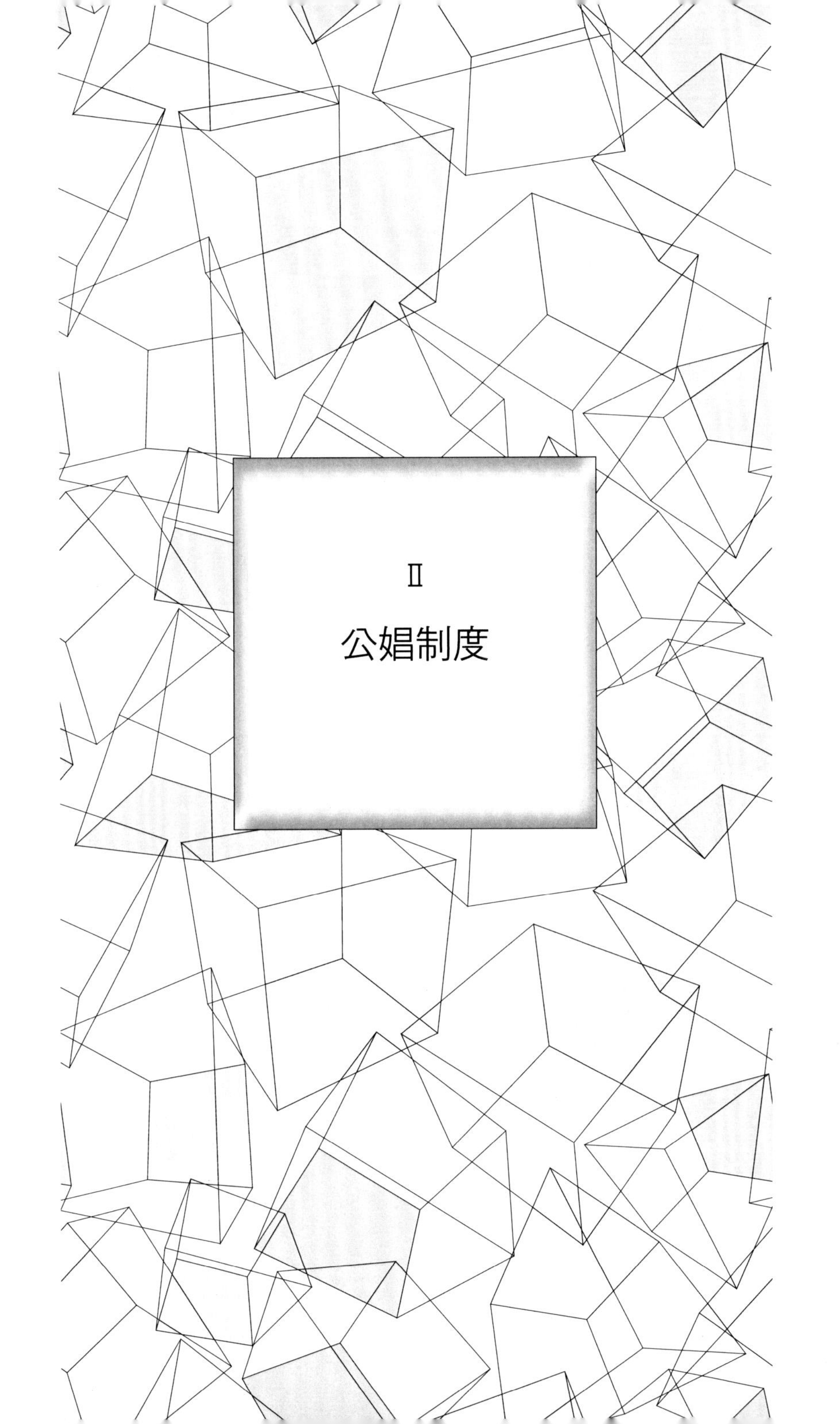

Ⅱ
公娼制度

公娼

公娼制度の下で、警察当局へ届出をし、身分証明書を持ち、稼業として売春をした女性。女郎屋街に嬌声連呼があったかどうかは別としても、彼女たちは交渉制度を利用し、例外なく性交報酬を得ていた。

現在、ヨーロッパには公娼がいる。倉橋氏によると、公娼は、性病の予防の為に彼女たちに検黴を実施する必要から、公権力への登録を義務づけられていたのであって、一方で廃業の自由はきちんと保証されていた。登録することによって、たしかに彼女たちは公権力から公認されていたが、しかし、その境遇は、日本の娼妓とは全然、違っており、むしろ、日本の私娼に近いものであった。要するに、ヨーロッパの公娼は、日本流にいえば、「登録済みの私娼」にすぎなかった［**出典：倉橋正直著『従軍慰安婦と公娼制度―従軍慰安婦問題再論』2010年、共栄書房、p. 85**］。

公娼制度

(1) 公娼制度は江戸幕府が遊郭を許可制としたことを一部踏襲している。眞杉侑里氏は日本の公娼制度について、以下のように説明している［**出典：「人身売買排除」方針に見る近代公娼制度の様相「立命館大学人文科学研究所紀要No. 93」(2009年3月) 特別研究員　眞杉侑里、p. 237、p. 238、2018年3月13日閲覧**］。

> 近代公娼制度は1872（明治5）年太政官達295号（所謂「娼妓解放令」）を画期として前近代のそれとは隔絶する形で再構成された売春統制政策であり、娼妓が届出を行う事によって稼業許可を与え、一定の制限区域（貸座敷指定地）でのみ営業を認めるものであった。…。1873年東京府令第145号（「貸座敷・渡世、娼妓・芸妓規則」）に代表される地方規則、それを統括する立場にある1900年内務省令第44号（「娼妓取締規則」）そしてそれまでの娼妓規則の衛生面を特化したかたちの法規である1927年「花柳病予防法」がその代表例であり、おおむねこれらによって運営され

ていた。

(2) 同じく、倉橋正直氏は、次のように書いている［出典：倉橋正直著『従軍慰安婦と公娼制度―従軍慰安婦問題再論』2010年、共栄書房、p. 89-91］。

日本の公娼制度は、娼妓解放令が出された1872年（明治5年）からを前期とし、娼妓取締規則が出された1900年（明治33年）からを後期として始まり、1958年（昭和33年）の売春防止法施行により消滅した。…。

この前期公娼制度の下、タテマエでは、娼妓は独立して稼業として売春を営むものとされた。また、女郎屋の名前は法律上、なくなり、貸座敷業者に変わった。その意味は、業者は娼妓と人身的な隷属関係はなくなり、単に売春の場所である「座敷」を女性に「貸す」だけの存在に過ぎないということであった。しかしこれはタテマエだけに過ぎず、実態は以前とほとんど変わりなかった。…。

娼妓を取り巻く隷属状況は、1900年の娼妓取締規則により改められ、彼女たちは、法律上、廃業の自由を獲得する。ところが売春の場合、「親が娘を手放す時、事実上の身代金として、金を得る。これが前借金」となり、娼妓は「この借金を返済することになる。女性と業者の取り分の分配は大体、四分六分」。これで女性が借金を返済すれば自由の身になるが、実際には、そこにいろいろなカラクリがあって、前借金は容易なことでは減らず、むしろ、増える場合がけっこう多かった。

(3) 公娼制度の内容については、1887年（明治20年）4月28日に、『警視庁御達　貸座敷、引手茶屋、娼妓取締規則俗解』が出版されている［出典：貸座敷引手茶屋娼妓取締規則俗解―国立国会図書館…、dl.ndl.go.jp/info:ndljp/pid/791279、2019年1月15日閲覧］。この規則は56条まであるが、一部を紹介する（＊読みやすいように編纂者が句読点を付け加えた）。

第1条　貸座敷引手茶屋の業は、警視庁に於て免許したる区域内並びに娼妓稼ぎは、貸座敷内に限るものとす。

第5条　未丁年（＊未成年）にして後見人なき者、白痴瘋癲者及び幼者を略取誘拐する罪、猥褻姦淫の罪、強窃盗の罪を犯し処刑せられたる者、並びに公権剥奪停止中の者は、貸座敷引手茶屋たることを得ず。

第6条　娼妓たらんとする者は願書に其実情を詳具し、父母及び証人二名並びに寄寓すべき貸座敷主と連著し其等格揚代金及び結訳条件を付記し、籍面を添え取締加印の上、区長又は戸長の奥印を受け、警視庁に願出、免許鑑札を受くべし。警視庁はその願意及び身体を審査の上、許否す。但し十六歳未満の者は娼妓たることを得ず。

第7条　族籍住所氏名及び等格揚代金を変換し、又は鑑札を遺失したるときは3日以内に取締加印の書面を以て警視庁に願出、さらに鑑札を浮くべし。貸座敷引手茶屋にして楼名屋号、娼妓にして妓名を変換したるときは同上の手続を以て届出べし。但族籍住所氏名の変換に係るは区長又は戸長の奥印を要す。

第8条　廃業したる者は3日以内に取締加印の書面を以て警視庁に届出鑑札を返納すべし。…。

第9条　貸座敷引手茶屋及び娼妓賦金（＊税金）の額を定むること左の如し。…。

三　娼妓は一箇月に付き：一等　金三円、二等　金二円、三等　金一円、四等　金五十銭

第25条　学校の徽章を着けたる生徒並びに16歳未満の者及び婦女は、客人の同伴たりとも遊興せしむ可からず。但遊客に面会を要するものあるときは之を拒むべからず。

第31条　娼妓を遇するには誠実を旨とし、且力めて正業に復せしむる様厚く注意し、聊かたりとも贅費を為さしむべからず。

第39条　業体に関し貸座敷主と娼妓との間に紛議を生じ裁判所に出訴せんとするときは、其事由を詳記し所轄警察署に申で承認を受くべし。

第41条　娼妓免許の期限は満3年以内とす。其期限満たる者は貸座敷主と結約其他如何なる事情あるを問わず鑑札を返納すべし。

第44条　警視庁指定の日時及び場所に於て身体の検査を受くべし。若し疾病に罹り出場し難き者は貸座敷主を経て検査所へ届出出張医員の来診を受くべし。但黴毒感染の兆候ある者は期日に拘らず速やかに該病院に就き治療を受くべし。且入院中の食費は自弁たるべし

第47条　貸座敷主に於て不当の失費を強い、又は当然の理由なく転寓及び廃業を故障し、或は規則若くは規約に違うの故を以て過酷の取扱を為し、其他不誠実の処置ある時は、直に所轄警察署又は巡行巡査に訴出ることを得べし。

第50条　本則第1条第5条第10条第13条第14条第15条第16条第20条第21条及び第4章を除く外、各条を犯したる者は30円以内の過料に処し又は6ヶ月以内の懲役を処す。

（＊入院中の食費の規定は、娼妓が独立して生計を営むこととされていたからだ。自弁は厳しいが、1938年2月23日、内務省発警第5号、支那渡航婦女の取扱に関する件（抄）との関連で、内務省警保局長から各庁府県長官への通達に対し、慰安所開設を願い出ていた営業者が、許可を得るため、契約証に下記の文言をいれていた事実はある［出典：資料A〈上〉、p. 130、p. 133］：食費衣装寝具など消耗品や医薬費は抱主の負担とする。）

⑷　制度は制度として、公娼が法律上廃業の自由を獲得するためには前借金の返済が鍵となっていた。

公娼の人数制限

慰安所における慰安婦の人数制限に関し、1940年の呂集団特務部月報（第7号・通巻第17号）南昌市政府警備処に於ける楽戸（遊郭）公娼の取締及営業税徴収暫行規定、「第5条　各種楽戸の所有公娼は10名未満とする」との記述がある［**出典：資料A〈上〉、p. 243-247)**］。資料A及びBには他の記述はない。しかし資料A-Cを読む限り、陸軍の呂集団のみがこの規定を順守したという記述はない。

妓生（＊きーせん）団束令・娼妓団束令

⑴　江戸時代からの日本のように、朝鮮社会には性売買慣習があり、朝鮮王朝時代末には様々な等級の売淫婦がいた［**出典：資料A〈下〉、p. 677**］。1876年、李氏朝鮮と日本は日朝修好条規を締結した。その条規の下、釜山、元山、仁川が日本に開港され、ソウルや龍山にも出入りが認められると、日本人の本格的移住が始まった。両国の貿易が発展するに連れ、日本人芸娼妓が日本人居留地で商売を始めたので、1880年から漢城（＊ソウル）に公使館を設置していた日本は、彼らに対し鑑札制を実施するようになった［**出典：資料A〈下〉、p. 675、及び日朝修好条規、https://ja.wikipedia.org/wiki/、www.dce.osaka-sandai.ac.jp/~funtak/papers/seoul/seoul1.html、2019年1月15日閲覧**］。

⑵　日清戦争（＊1894-5年）を経て、1905年12月21日に朝鮮統監府（＊後の朝鮮総督府）を設置した日本は、引き続き日本人芸娼妓を取り締まっていた。一方、大韓帝国（＊1897年成立）政府も警務庁を通じ、朝鮮人売春婦を取り締まろうとし、1908年、「妓生団束令」と「娼妓団束令」を発布し、朝鮮人売春婦の営業を警察当局の認可制として管理し始めた。これについては、大阪産業大学の藤永壮教授が以下のように書いている

[出典：藤永壮『植民地朝鮮における公娼制度の確立過程』I2.朝鮮人接客業に対する管理のはじまり以下、www.dce.osaka-sandai.ac.jp/~funtak/papers/seoul/seoul1.html、2019年1月15日閲覧]。

さて1907年7月、警務庁に代わるソウル管轄の警察機関として警視庁が設置され、翌1908年9月28日には大韓帝国最初の接客業取締法令である警視庁令第5号「妓生団束令」、同第6号「娼妓団束令」が公布されている（「団束」は取締りの意）。両者はともに全5条のごく簡単な内容で、しかも「妓生」「娼妓」以外の条文は全く同一であり、妓生・娼妓を認可営業とすること（第1条）、それぞれに組合設立を認めること（第2条）などが定められた。1907年8月の第3次日韓協約以降、日本人官吏が大韓帝国政府に任用されており、こうした接客業取締りの方針も日本人警察官僚の意向に沿って決定されたと見るべきだろう。警視庁が作成したと見られる「妓生及娼妓ニ関スル書類綴」収録の公文書類が、ほとんどすべて日本語で記載されているのも、このことを裏付けていると言えよう。

(3)　その後、「妓生団束令」と「娼妓団束令」は、1916年3月31日に発布された朝鮮総督府警務総監部令第3号　芸妓酌婦芸妓置屋営業取締規則や朝鮮総督府警務総監部令第4号　貸座敷娼妓取締規則などに引き継がれ、警務総監部は公娼制度の下で朝鮮の売春を取り締まるようになった。

芸妓酌婦芸妓置屋営業取締規則（朝鮮総督府警務総監部令第3号1916年3月31日、朝鮮統監府官報1916.3.31（抄））

(1)　1916年3月31日、警務総監部は朝鮮全体で売春の取り締まりを統一するため、宿屋営業、料理店飲食店、芸妓などや芸妓置屋、貸座敷を取り締まる4つの法令を発布し、5月1日よりこれらを施行した[出典：資料A〈下〉、p. 680]。この規則は第1条から第26条まであり、概略以下のことを定めている[出典：資料A〈上〉、p. 615-619（＊編纂者による編集）]。

第1条　芸妓（妓生を含む）又は酌婦営業をしようとする者は、本籍や氏名や営業地などを記載した願書に以下の書面を添付し、警察署長の許可を受けること。

1、夫を持つ女性は夫の承諾書、その他の場合は父や扶養義務者などの承諾書

2、承諾者の印鑑証明書

3、戸籍謄本又は民籍謄本

4、経歴及び芸妓又は酌婦をする理由を記載した書面

5、健康診断書

第2条　左の各号の1つに該当する者に対し、警察署長は芸妓又は酌婦の営業を許可することを得ず

4、抱主との契約不当なりと認める時

第4条2、就業中許可証を携帯すること

第8条　警察署長は芸妓又は酌婦に対しその指定する医師又は医生の検診を受けしめ又は健康診断書の提出を命ずることを得

第11条　芸妓置屋営業者は左の各号を遵守すべし

2、芸妓の意思に反して契約の変更若しくは抱主の変換を強いること

3、芸妓を強いて就業せしめ其の他虐待を為さざること

4、芸妓をして濫りに失費を為さしめざること

5、濫りに芸妓の契約、廃業、通信、面接を妨げ又は他人をして妨げしめざること

7、芸妓疾病に罹りたる時は速やかに医師又は医生の治療を受けしむること

第12条　芸妓置屋営業者は芸妓毎に貸借計算簿2冊を調整し、その1冊を芸妓に交付し、毎月3日迄に前月分の貸借に関する計算を詳記し、芸妓と共に捺印すべし

(2)　上記は芸妓や酌婦の置屋営業についてだが、一部は芸妓のみに該当する規則となっている。酌婦と書いてあるが、酌婦と娼妓は同じ意味で記述され、その娼妓については、同日、貸座敷娼妓取締規則が出されている。

(3)　朝鮮の警察当局は、公娼を含む「接客業界の統計」を出している。記録は1906年から1942年までだが、参考のため、一部を下記に抜き出した[資料A〈上〉、p. 779、p. 783-786]（＊合計は編纂者が算出）。

		芸妓	娼妓	酌婦	カフェー及びバー女給	合計
1906（明治39）	邦人	985	—	518	—	1,503
	朝鮮人	—	—	—	—	—
1910（明治43）	内地人	977	851	2,263	—	4,091
	朝鮮人	427	569	197	—	1,193
1920（大正9）	内地人	1,326	2,289	705	—	4,320
	朝鮮人	1,224	1,400	868	—	3,492
1930（昭和5）	内地人	2,156	1,833	442	—	4,431
	朝鮮人	2,274	1,370	1,241	—	4,885
1940（昭和15）	内地人	2,280	1,777	216	2,226	6,499
	朝鮮人	6,023	2,157	1,400	2,145	11,725
1941（昭和16）	内地人	1,895	1,803	292	1,893	5,883
	朝鮮人	4,828	2,010	1,310	1,998	10,146
1942（昭和17）	内地人	1,797	1,774	240	1,644	5,455
	朝鮮人	4,490	2,076	1,376	2,227	10,169

⑷　以上の資料は、貸座敷営業者は言うまでもなく、カフェー及びバーの女給を含め、芸妓・娼妓・酌婦を当局が管理していたことを示す。つまり、公娼制度は名目上あっただけでなく、実際に施行されていた。手続きを踏めば慰安婦を募集できるのに、敢えて朝鮮人女性を強制連行し、性奴隷にするという社会問題になるような蛮行に及ぶ合理性はない。

貸座敷娼妓取締規則（朝鮮総督府警務総監部令第４号、朝鮮総督府官報 1916.3.31（抄）

⑴　各行政区は法令に基づき、貸座敷での営業を認める地域とその数を以下のように指定した［出典：資料Ａ〈上〉p. 583-641］。

威鏡北道（2）、咸鏡南道（5）、平安北道（＊同道文書に地域の指定はないが、貸座敷、芸妓娼妓酌婦の記載がある［出典：資料Ａ〈上〉、p. 696、697］）、平安南道（10）、黄海道（1）、京畿道（3）、江原道（＊同上）、忠清北道：（＊同上）、忠清南道（1）、全羅北道（3）、全羅南道（13）、慶尚北道（2）、慶尚南道（19）

⑵　この時発布された規則の主なものは以下の通りだった［出典：資料Ａ〈上〉、p. 619-622］。

第７条　貸座敷営業者は左の各号を遵守すべし

14、娼妓の意思に反して契約の変更又は抱主たる貸座敷営業者の変換を強いざること

16、娼妓をして濫に失費を為さしめざること

第10条　貸座敷営業者は娼妓毎に貸借計算簿２冊を調整し其の１冊を娼妓に交付し毎月３日迄に前月分の貸借に関する計算を詳記し娼妓と共に捺印すべし

第17条　左の各号の１つに該当する者に対しては娼妓稼ぎを許

可することを得ず

1、17歳未満の者

4、娼妓稼ぎ又は前借金に関する契約不当なりと認むる時

第18条　妊娠6月以後分娩後2月に至る期間は娼妓稼ぎを為すことを得ず。

第22条1、就業中許可証及び健康診断書を携帯すること

支那渡航婦女の取扱に関する件

(1)　上海のように軍が占領地で慰安所設立を要望するようになると、公娼制度の運用手続きを周知させる必要性が生まれた。この手続きに関し、内務省が1938年2月18日に起草した通達案の内容は以下の通りだった**[出典：資料A、支那渡航婦女の取扱に関する件、内務省警保局長「庁府県長官宛通牒案」(抄) p. 124-130]**。

1、醜業を目的とする婦女の渡航については、現在内地で事実上同様な醜業を営み、満21歳以上且つ花柳病その他伝染病疾患のない者で、北支、中支方面に向う者に限り当分の間これを黙認し、昭和12年8月米3機密合第3376号外務次官通牒による身分証明書を発給する。

2、稼業の仮契約の期間が満了した際は帰国するように前もって言い含める。

3、上記目的で渡航する者は必ず本人自ら警察署に出頭し、身分証明書の発給を申請する。

4、その際は、同一戸籍内の親などの承認を得る。

5、さらに調査して、婦女売買又は略取誘拐等の事実がないことに留意する。

6、募集周旋等に従事する者については厳重な調査を行い、正規の許可又は在外公館等の発給する証明書がない者や身元が確実でない者には許可しない。

(2) 1938年2月23日、内務省警保局長は、同通牒案を内務省発警第5号、支那渡航婦女の取扱に関する件として正式決定し、各庁府県長官宛に通達した[出典：資料A〈上〉、p. 138-139]。これに基づき、周旋業者は稼業者となる女性又はその親権者に対し、一般的には下記のような契約証、承諾書、金銭借用証書、契約条件を提示し、公娼を募集した[出典：資料A〈上〉、p. 128-132]（*編纂者による現代語文）。

契約証：1、稼業年限。2、契約金。3、賞与金は揚げ高の1割（但し半額を貯蓄すること）[*貯蓄は郵便貯金のこと]。4、食費衣装寝具など消耗品や医薬費は抱主の負担とする。5、稼業人・連帯人の署名。

承諾書：親族の承諾書・稼業をすることへの同意文。

金銭借用証書：金額及びこれを返済することと、借用人・連帯人の署名。

契約条件：1、契約年限。満2ヶ年。2、前借金500円より1,000円まで（但し右前借金の内2割を控除し、身付金及び乗込費に充当する）。3、前借金返済方法は年限完了と同時に消滅する。即ち年期中にたとえ病気休業したとしても、年期満了と同時に前借金は完済する。4、違約金。5、年期満了で帰国の際の帰還旅費は抱主が負担する。6、年期を無事満了した場合は本人稼ぎ高に応じ応分の慰労金を支給する。

(3) 周旋業者や稼業者となる女性は、上記通達の定めを現実に履行したのだろうか。以下に掲げる6つの文書は、慰安婦が、内地や朝鮮や台湾から中国大陸へ渡航し、領事館で適正な手続きを踏んでいることを間接的に証明する（*下記文書では資料A〈上〉のページ番号を記載）。

昭和13年（1938年）、在杭州領事館警察事務状況、p. 122、同警察署長報告摘録、在杭州

(3) 昭和13年12月末調　邦人の職業
軍隊慰安所4軒、芸妓15名・酌婦21名

昭和13年(1938年)12月14日、渡支取締の件、p. 225、 新竹州知事、昭和13年11月中

就職(慰安所関係)

	北支方面	上海方面	南支方面
	内地人朝鮮人 本島人計	内地人朝鮮人 本島人計	内地人朝鮮人 本島人計
	0、0、0、0	4、0、0、4	4、0、0、4
慰安所経営			
	0、0、0、0	4、0、0、4	4、0、0、4

昭和14年(1939年)9月12日、渡支取締の件、p. 229-230、新竹州知事、昭和14年8月中

酌婦女給

	北支方面	上海方面	南支方面
	内地人朝鮮人 本島人計	内地人朝鮮人 本島人計	内地人朝鮮人 本島人計
	0、0、0、0	0、0、0、0	0、5、0、5
軍慰安所			
	0、0、0、0	0、0、0、0	6、5、0、11

昭和15年(1940年)8月14日、在山海関副領事、p. 257、7月中入国者職業別調査表

行先	広東	澳門	香港	海口	計
芸酌婦仲居	45	5			50
軍慰安所・酒保	18				18

昭和16年(1941年)8月12日、渡支那人暫定処理に関する各種統計報告の件、在広東総領事、p. 286、287、本信写送付先　北中支各警務部、厦門、汕頭(＊広東省東部)、海口、上海、台外(台湾総督府外事部長)、7月中入国者職業別調査表

	広東	澳門	香港	海口	合計
芸酌婦仲居	17	0	0	2	19

昭和17年(1942年)10月3日、副官会同実施の件通牒、p. 372-374

支那派遣軍総参謀長

第9、宿泊慰安に関する事項

上海地区に於ける慰安施設は比較的少数なるに付、増設方考慮せられ度、特に健全娯楽施設は年少軍属多数を有する当隊として特に希望す

1、特殊慰安所　16ヶ所　酌婦数140名　増加の必要なし

● 慰安施設及旅館営業遵守規定制定の件達(抄)

1943年11月11日、馬来(＊現マレーシア)軍政監は、通達で以下の規定を設けている[出典：資料A〈上〉、p. 433-438]。

1、稼業婦の稼業からの収益金より強制貯金を控除した後の残高の収得歩合は下記の通りとする。

稼業婦稼高の配当歩合：債務残高	雇主所得	本人所得
1500円以上	6割以内	4割以上
1500円未満	5割以内	5割以上
無借金	4割以内	6割以上

2、前借金や別借金は総て無利息とする。

3、雇主は稼業婦の毎月稼ぎ高の100分の3を地方長官の指定する郵便局に稼業婦本人の名義で貯金し、稼業婦廃業の時本人に

交付するものとする。

Ⅲ

慰安所

戦地

(1) デジタル大辞泉の解説では、戦地を、戦争の行われている土地。また、出征地。戦場。「戦地へ赴く」としている[出典:戦地(センチ)とは - コトバンクhttps://kotobank.jp/word/戦地-550639、2019年2月4日閲覧]。戦地を英語に翻訳すると、battle zone(戦闘地域)、battlefront(戦線)、combat area(戦闘地域)、firing line(最前線)、theater of operations(作戦地域)、theater of war(戦域)、war zone(交戦地帯、戦闘地域、戦場)などが該当する。最後のWar ZoneをThe Random House College Disctionary Revised Edition 1975で調べると、戦地(戦闘地域)は、1. 戦争中、敵対行為(作戦)が実施されている地域、2. 戦争中、公海上と同じように、中立国の権利が停止させられている戦闘地域、と定義されている(*編纂者による翻訳)。

(2) 国家には3つの要素がある。領土と国民と主権だ。もう1つ見逃してならないのが、諸外国から国家として認知されているかいないかだ。日本軍は、満州国を除く中国大陸の一部、東南アジアと西太平洋の島嶼部、インド洋アンダマン諸島などを占領していた。その占領地には統治機構があった。しかし偶々ある占領地で戦闘がなくても、中国大陸から東南アジアまでは、国際的に日本の領土ではなく、現地人は日本国民として認知されてはなかった。しかも、連合国などはその占領地を取り返そうとしていた。従って、それらの地域はすべて戦地だったと言える。

(3) 慰安所は戦地に設置された。資料DやEによると、元慰安婦は日本国内や満州や台湾で働かされたと証言している。慰安婦の証言(3)と(4)を参照。

(4) 満州について補足する。満州国は、日本を含めて23カ国に承認されていた。主な国は、中華民国南京国民政府、ドイツ、イタリア、スペイン、バチカン市国、ポーランド、デンマーク、エル-サルバドルだった[出典:

23ヶ国から承認されていた独立主権国家「満州国」、www.teikoku-denmo.jp/history/honbun/manchu7.html、2019年2月4日閲覧]。

慰安所

(1) 慰安所とは慰安婦が対価を得て売春をする場所だ。慰安所は戦地にあったもので、内地の売春宿と同じたが、公娼制度の下では貸席と呼ばれていた。現存する最も古い公式文書で、外地にあった貸席に触れているものは、第1次世界大戦中、中国の青島を占領した独立第18師団司令部の憲兵司令部が作成したものだ。醜業婦及料理店の項目に以下の記述がある[出典:資料A〈上〉、日独戦役憲兵史(抄)、p. 10-13]。この記録は、日韓併合後(1910年)の日本が朝鮮においてと同様に、占領地の青島でも公娼制度を取り入れていたことを示す。

大正4年(1915年)9月青島軍政署告示第21号を以て青島市街に於ける旅館、料理店及芸酌婦の営業区域を制限し、さらに同署令第1号を以て旅館、料理店、飲食店、下宿屋、待合、貸席、芸妓置屋営業取締規則を公布せり

	大正3年末	大正4年末	大正5年末	大正6年9月
料理店貸座敷数(軍政署管内)				
日本人料理店	71	78	109	93
同貸席	—	3	6	9
芸酌婦各年末現在人員表(軍政署管内)				
日本人芸妓	70	270	278	288
酌婦	104	460	389	348

(2) 慰安所という名称が戦地で使われるようになった切っ掛けは、1932年初頭に起こった上海事変だと言われている。日本と中華民国による休戦協定調印後も海軍部隊が上海に駐屯していたので、年末に掛けて、海軍慰安所が設置された。在上海領事館による法人の諸営業調べでは、1932

年（昭和7年）12月末現在、海軍慰安所17軒、酌婦163人、芸妓275人、舞踏女（ダンサー）245人との記述がある［出典：資料A〈上〉、p. 28］。これを受け、陸軍も海軍に追随し、戦況が落ち着いた場所に駐屯部隊用慰安所を要望し始めた［出典：資料A〈下〉p. 628、629］。その結果、日本は元より、朝鮮半島からも営業者が公娼を引率して中国へ渡航するようになった。公文書では、外地の慰安所で働く公娼が特殊婦女、特殊婦人、特殊慰安婦と呼ばれるようになった［出典：資料A〈上〉、p. 42、178、328］。

(3) 慰安所と売春宿には違いがある。兵士は慰安所で料金を払う時、日本の通貨ではなく、軍票（軍用手票）を使った。軍票とは、戦争に際して主として占領地で軍の作戦行動に必要な物資や労力への支払い、軍人・軍属の俸給・給与の支払いに用いるため、政府または軍が発行する特殊通貨。軍用手票（しゅひょう）、軍用切符、軍札、仕払証票とも称し、軍票は軍用手票の略［出典：軍票（ぐんぴょう）とは - コトバンク、https://kotobank.jp/word/、-58464、日本大百科全書（ニッポニカ）の解説、2019年1月23日閲覧］。

慰安所総数

(1) 果たして戦地（日本本土、満州、朝鮮、台湾を除く）にはどのくらいの慰安所があったのだろうか。資料A-Eなどには慰安所数を断定させるような情報はないが、1つの文書がある。1942年2・5・6・7・8・9・10月の陸軍省業務日誌摘録、陸軍省医務局医事課長〔9月3日課長会報〕［出典：資料A〈上〉p. 308］だ。

この摘録では恩賞課長（＊倉本啓次郎）が、「将校以下の慰安施設を次の通り作りたい」と述べ、「北支100ケ、中支140、南支40、南方100、南海10、樺太10計400ケ所」としている。

(2) この概数だけでは説得力に欠けるので、編纂者は、資料A-Eを精読し、慰安所に関する記述から、場所の特定を試みた。参考のため、以下に6

つの文書を掲げる。それぞれの年月日は異なるが、日本が敗戦するまで、漢口、懐慶、応山、厦門、広東には、少なくとも1軒以上の慰安所があり、南セレベスには記述通りに慰安所があったと推定した（＊ページ番号は資料Aによる）。

昭和11年（1936年）在漢口総領事館警察事務状況（抄）、p. 43、p. 44

同警察署長報告摘録（＊漢口は現在の湖北省武漢市の一部）

4　昭和11年（1936年）12月調芸妓酌婦其の他接客婦女

芸妓（乙種共）：　内地人66、朝鮮人0、支那人0　計66名（＊乙種とは公娼）

酌婦：　内地人0、朝鮮人22、支那人7　計29名

女中：　内地人59、朝鮮人0、支那人0　計59名

女給：　内地人0、朝鮮人16、支那人0　計16名

ダンサー：　内地人1、朝鮮人7、支那人15　計23名

昭和13年（1938年）11月8日、衛生隊第3部会報、p. 110

第14師団衛生隊：11月8日　於懐慶（＊懐慶は現在の河南省焦作市の沁陽市）

8、衛生隊第3部会報

（4）　芸娼妓1時間に対する玉代　兵2円下士官3円准士官以上4円

昭和14年（1939年）4月23日、陣中日誌、p. 148

独立山砲兵第3連隊　漢口より汽車輸送にて応山に到着（＊応山は現在の湖北省広水市）

5、別紙特殊慰安業務に関する規定抜粋を配布す。連隊の慰安所利用日は毎週月曜日とす（＊月曜日以外はその他の部隊が利用する）

昭和16年(1941年)9月5日、渡支那人暫定処理に関する各種統計報告の件、在厦門総領事、p. 292
本信写送付先　上海、広東、汕頭(＊広東省東部)
8月中入国者職業別調査表

	厦門
芸酌婦仲居	14
慰安所	2

昭和16年(1941年)9月8日、渡支那人暫定処理に関する各種統計報告の件、在広東総領事、p. 287-288
本信写送付先　北中支各警務部、厦門、汕頭(＊広東省東部)、海口、上海、台外
8月中入国者職業別調査表

	広東	澳門	香港	海口	合計
芸酌婦仲居	28	0	4	3	35

昭和21年(1946年)6月20日、セレベス民生部第2復員班員復員に関する件報告、p. 509-514
セレベス民生部第2復員班長(海軍司政官)
昭和21年(1946年)5月30日売淫施設(慰安所)調書
第2軍高級副官殿(＊第2軍司令部は終戦時、セレベス島シンカンにあった)

記

(イ) 民生部に於て許可したる本施設に使用せられたる婦女の数
223名
(ハ) 売淫婦の生活方法、給養、報酬
本件に関しては施設に依り多少の差異あるも大略左記の如し
(3) 報酬
稼高の1／2本人の所得とす

本人所得外の1／2金額は前記支出に充当し残余ある場合は規定に依り民生部に1部納入せるものなり

(ホ) 売淫施設の所在地並場所別従業婦及従業男子の数

施設の名称	所在地	従業婦・男子・売淫婦 (比女)
マカツサル第1施設	マカツサル市	不明・不明・約30
マカツサル第2施設	マカツサル市	不明・不明・約40
マカツサル第3施設	マカツサル市	不明・不明・約20
ゴア	スングニナアサ町	1・1・5
マロス	マロス町	0・3・6
ボンタイン	ボンタイン町	1・2・10
ブルクンバ	ブルクンバ町	1・3・14
ボネ	ワタンボネ町	1・1・3
シンカン	シンカン町	0・3・5
パレパレ	パレパレ町	0・3・19
ラツパン	ラツパン町	1・3・9
ピンラン	ピンラン町	1・1・7
エンレカン	カロン	1・0・4
同	チアゼロック町	31・13・5
同	チアロック	1・0・4
マゼネ	マゼネ町	1・0・4
ポレワリ	ポレワリ町	1・0・6
パロポ	パロポ町	2・0・6
マカレ	マカレ町	0・5・10
マサンバ	マサンバ町	1・3・5
マリリ	マリリ町	1・1・4
ウオート	ウオート町	0・1・5
サライヤル	ベンテン	1・3・2

(3) 慰安所数を出す際、①上記摘録などが作成された1942年9月以前に書かれた文書の記述については、戦況によるけれども、1945年8月15日まで同じ場所に慰安所があったと推定し、②資料A-Eで重複している記述がある場合、年月日がより新しいもの、記述が明確なものを参考にした。推定作業の結果は以下の通りとなった。慰安所数と慰安婦数は相関関係にあるので、慰安婦数も列記した。慰安婦には朝鮮人は言うまでもなく、日本人、中国人、東南アジア人が含まれている。

(3.1) 資料Aから抜き出し、推定した慰安所数及び慰安婦数

北支	40軒	369人
中支	123軒	1,340人
南支	205軒	2,064人
マレーシア・シンガポール	20軒	204人
インドネシア	16軒	160人
フィリピン	34軒	335人
ビルマ	13軒	130人
アンダマン	5軒	50人(*インド洋アンダマン諸島)
ムンバイ	1軒	5人(*インド)
合計	457軒	4,657人

(3.2) 資料B〈I、連合軍翻訳通訳部局(ATIS)関係文書、II、連合軍東南アジア翻訳・尋問センター(SEATIC)関係文書、III、米国戦争情報局関係資料(心理戦作戦班日本人捕虜尋問報告書49号)〉から抜き出し、推定した慰安所数及び慰安婦数

ラバウル	6軒	60人
ベラーワン(インドネシア)	1軒	8人
マニラ(フィリピン)	6軒	60人
ダヴァオ(フィリピン)	1軒	10人

ビルマ	60軒	600人
合計	74軒	738人

(3.3)　資料Cから抜き出し、推定した慰安所数及び慰安婦数

中国（安徽省から湖南省まで）	13軒	135人
内南洋	18軒	180人
マレーシア	5軒	50人
インドネシア	16軒	258人
ン）	2軒	20人
カール・ニコバル	2軒	14人（＊インド洋アンダマン諸島の南）
ベトナム	2軒	20人
合計	58軒	677人

(3.4)　上記(3.1)～(3.3)においては、①中国、マレーシア、インドネシア、フィリピンでは重複がないことを確認し、②ビルマでは60軒、600人が13軒、130人を含むとし、③スマラン事件の裁判資料を加え、インドネシアの数値を16軒160人から18軒175人と修正した。推定合計は以下の通り。

慰安所：457軒＋74軒＋58軒＝589軒

慰安婦：4,657人＋738人＋677人＝6,072人

性病予防

慰安所を利用する限り、性病の蔓延防止ができたかというと、実態はそうではない。以下のように、毎週あるいは隔週の性病検査で3割強の慰安婦が就業できなくなった事例もあるからだ［**出典：資料A、p. 326、327**］。現地で性病感染に気を配っていても、感染は私娼と交わった場合や内地や他の戦地から来た兵士が持ち込む場合もある。

広東州潮安県：（＊広東省東部）

昭和17年（1942年）2月、現地に広東陸軍特務機関　第7項　衛

生関係事項

2、潮安県

（イ）前月に続き娼妓の検黴を4回に亘り実施せし処61人の内合格者40人

生理休暇

公式な言葉ではないが、自衛隊には生理休暇と呼ばれる制度がある。例えば、東京から1,200キロ以上離れた硫黄島に勤務すると、年次休暇を纏めて2週間取ることができるようだ。この島での勤務が単身赴任だからだ。しかもそこへは精神的に安定している隊員でないと派遣されない。島内に飲み屋はないが、食堂で酒を飲むことはできる。派遣期間は通常2年。防衛駐在官・補佐官の場合、夫婦帯同でも年次休暇を纏めて1カ月取ることができる。これは公式行事に拘束される時間が長すぎることを考慮したものだ。こうした措置は大戦前、大戦中の経験から学んだことかもしれない。

ハニートラップ・ピンクトラップ

日本軍が慰安所設置を要請した理由の1つは、戦地の女郎屋だと、機密情報が漏れる可能性があるからだとも言われている。確かに慰安婦には日本人、朝鮮人、台湾人だけでなく、中国人やフィリピン人も含まれていた。しかし諜報活動の成否は敵方が講じる手段の巧拙による。現地の女郎屋に駆け込む兵士を狙ったスパイもいただろうし、慰安所の慰安婦を金で手懐けたスパイもいただろうが、どのくらいの成功率があったかは不明だ。そもそも諜報・防諜活動とは、索敵や通信傍受や暗号解読能力に関連するもので、慰安所設置で機密漏洩防止に寄与させるとするのは安易な理由付けだろう。

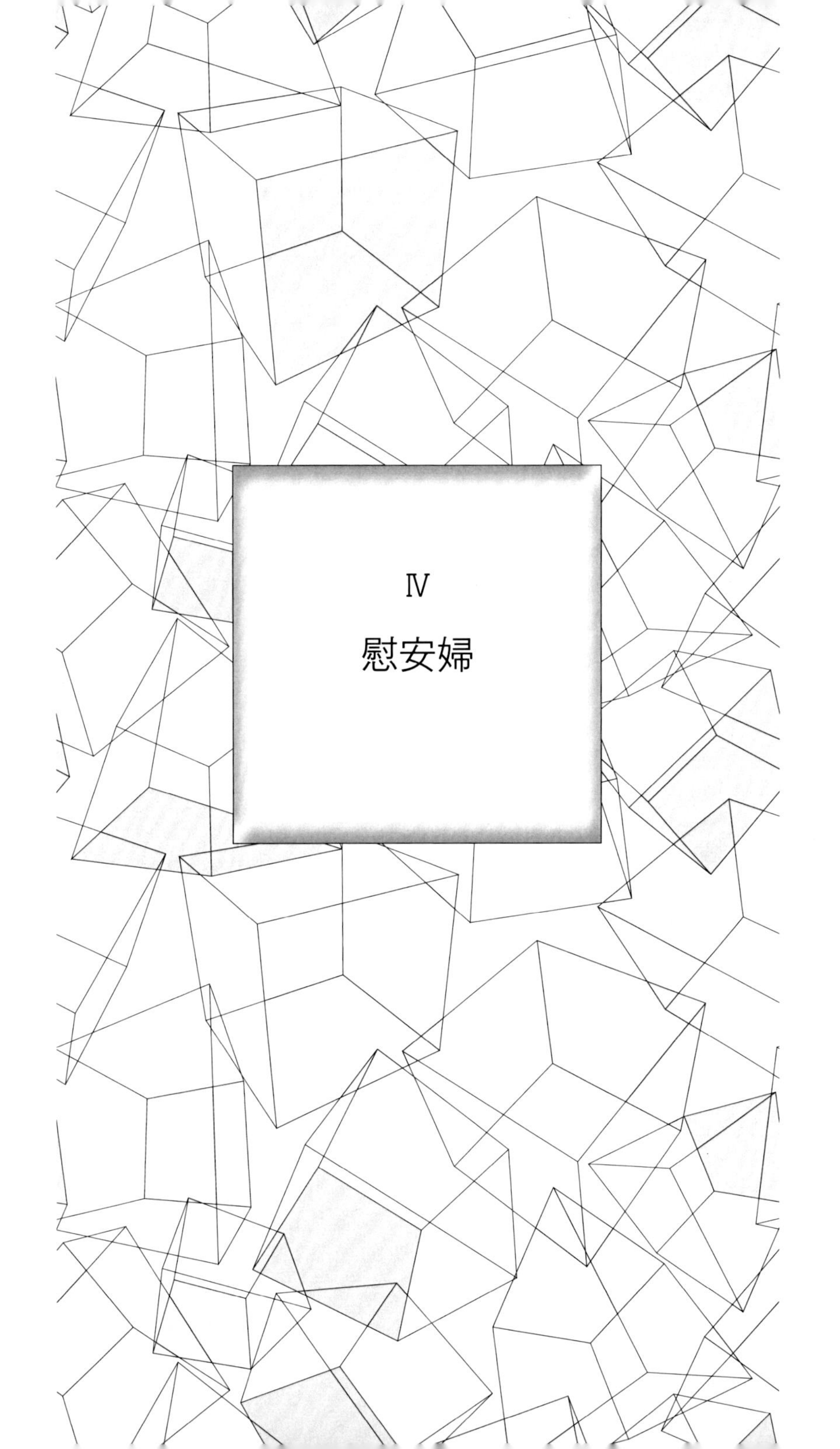

Ⅳ
慰安婦

韓国人慰安婦

慰安婦とは戦地の慰安所で売春を稼業としていた公娼のことで、2019年3月3日現在、元慰安婦だったと主張している韓国女性は22人になっている[出典：産経新聞2019年3月3日、(ソウル　共同)『韓国で慰安婦死亡、認定存命者22人に』]。

慰安婦総数

(1) 資料A-Eなどを精読すると、場所と慰安所の記載があっても、慰安婦数の記載がないものが殆どだ。従って年月日の範囲を特定して統計的な数字を出すことは不可能だ。そこで編纂者は、先ず資料から推定を含めた慰安所の場所を一覧表にし、見つけられた慰安婦数を記入した上で、人数が不明の慰安所については、以下の文書を利用して、慰安婦数を推定した。

> 1940年の呂集団特務部月報(第7号・通巻第17号)南昌市政府警備処に於ける楽戸(遊郭)公娼の取締及営業税徴収暫行規定、「第5条　各種楽戸の所有公娼は10名未満とする」と[出典：資料A〈上〉、p. 243-247]。

(2) つまり、慰安婦数が不明の慰安所では、1軒で働く慰安婦を10人とした。1人の営業者としては、慰安婦10人くらいの管理が妥当だと考えられる。この仮説を根拠が薄いと批判されることは覚悟の上だが、資料A－Cを読む限り、慰安婦数は、最大でもインドネシア・スマトラ島南部にあるパレンバンで4軒120人、つまり1軒当たりでは30人[出典：資料A〈上〉、p. 212]、次に多いのはスマトラ島の現アチェ特別州のバンダ・アチェのクタラジャに1軒28人[出典：資料C、(その536.7)])だった。1軒20人はビルマなどで散見されるだけだ。つまり1軒30人前後は例外となる。

⑶　但し、残された文書の1つは、慰安所1軒当たり30人以上もの慰安婦を抱えていた事例を記載している。それは慰安所総数⑵で掲げたセレベス民生部が調査したマカッサルでの人数だ。その第1施設では約30人、第2施設では約40人とある。この数字は1946年5月30日現在のものだと考えられ、戦中の実態とは異なるだろう。とは言え、慰安所24軒に223人の慰安婦がいたのだから、平均すれば9.29人となり、1軒当たり10人は的外れにはならない。

⑷　その結果は慰安所総数の項で記載したように慰安婦6,072人となり、慰安所が589軒なので、1軒当たりの慰安婦数は10.30人となる。

⑸　事実上の戦地と戦地ではなかった場所とを比較することには無理があるが、遊廓と娼妓については以下の記述がある［**出典：橋谷弘『帝国日本と植民地都市』2004年、吉川弘文館、p. 95**］。この記述によれば、遊廓1軒当たりの娼妓数は、平均で8.8人だ。

台湾では、領有当時、台北城内には遊廓が存在せず、淡水河の河口である万華の台湾人遊郭街に日本人も出かけていた。

その後も万華（有明町）は遊郭街の中心となり、1940年には妓楼が25軒あって、220人の娼妓を置いて営業していた。興味深いのは、娼妓のなかに朝鮮人が2割、42人も含まれていたことである。その具体的な背景はわからないが、妓楼のなかに朝鮮楼、新朝鮮楼、半島楼などの名前がみえることから、明らかに朝鮮人であることを「売り物」として営業していたことがわかる。

⑹　中国慰安婦研究の第一人者、蘇智良教授は、慰安婦問題を巡る日韓合意が発表された直後の2015年12月31日、米・CNNテレビに登場し、「慰安婦の実際の被害者は40万人で、そのうち20万人は無給で売春を強要された中国人であった」と述べた。同教授は一昨年、同大学・陳麗

菲教授、米・バッサー大学の丘培培教授と共著で『中国人慰安婦—日本帝国の性奴隷からの証言』（英題：CHINESE COMFORT WOMEN）を発表。英・オックスフォード大学出版から刊行した。その中で蘇教授は、慰安婦総数を「40万人」とし、半数が中国人だったと主張した。ただし、これは300万人の日本兵に対する慰安婦の「割合」を蘇教授が推算したもので、合理的根拠は皆無だ［出典：中国慰安婦研究の第一人者「慰安婦の被害者は40万 ... - NEWSポストセブン」www.news-postseven.com/archives/20160228_384273.html、2017年10月2日閲覧］。彼が挙げた根拠のない数字が、公娼だけでなく、私娼を含めたものかどうかは不明だが、600軒弱の慰安所に日本人や東南アジア人を含めた40数万人の慰安婦がいたとすれば、1軒の慰安所には平均で667人の慰安婦がいたことになる。

(7) 外務省調査部編『海外各地在留本邦内地人職業別人口表』（復刻版、不二出版、2002年）によれば、各地の領事館管内ごとに在留日本人の職業を分けた統計を出している。その中で最も新しい統計は1940年のもので、中国の漢口には、日本人売春婦954人と記載されている［出典：倉橋正直著『従軍慰安婦と公娼制度—従軍慰安婦問題再論』2010年、共栄書房、p. 29、p. 51］。倉橋氏は、「芸妓、娼妓、酌婦」を「売春婦を指す」とし、「芸妓は高級売春婦、娼妓は公娼制度下の売春婦、酌婦は私娼」としている。漢口だけに954人もの売春婦がいたとすれば、この数字と編纂者が推定した慰安婦総数6,072人とには齟齬が生じる。しかし、同じ在漢口総領事館は、2年遡る1938年に下記文書を残している［出典：資料A、p. 122］。そうすると、上記954人が、私的に売春をしていた事実があったとしても、すべてが慰安所にいた慰安婦（公娼）だと即断することはできない。但し、倉橋氏が書いているように、戦線拡大と共に慰安婦が増加したことは考慮しなければならない［出典：同上、p. 31］。

昭和13年(1938年)、在漢口総領事館警察事務状況

同警察署長報告摘録

(3)昭和13年12月末調　邦人の職業

漢口：料理店・慰安所　男16名　芸妓・酌婦200名

慰安婦総数対朝鮮人の比率

(1) 慰安婦総数に対し、朝鮮人の比率は本当に多かったのだろうか。第15師団軍医部が1943年1月に実施した特殊慰安婦検診結果によれば、南京にいた慰安婦の検査延人員数は、内地人1,007人、半島人（＊朝鮮人）113人及び中国人513人だった[出典：資料A〈上〉、p. 387]。①総数に対する朝鮮人比率は約7%となる。逆に1941年下半期と1942年上半期に朝鮮から北支、中支、南支方面へ渡航した公娼は日本人53人と朝鮮人667人だった[出典：資料A〈上〉、p. 395、396]。②朝鮮人と日本人との比率は約93%と約7%となる。

(2) 上記①と②では正反対の比率が出てくる。上記2例だけを抜き出すことは乱暴だが、意味がなくはない。なぜなら、①の比率で朝鮮人慰安婦が20万人もいたなら、朝鮮人、日本人、中国人の慰安婦数は2,857,142人となるからだ。兵士と慰安婦数の割合が100対1だったなら、3億人近い兵士が前線に出ていたことになる。②の比率を当て嵌めれば、朝鮮人慰安婦20万人に対し日本人慰安婦15,053人がいたことになり、中国人や東南アジア人を除く慰安婦数は215,053人になる。2,857,142人と200,000＋15,053＝215,053人に対し、慰安所が推定値に近い600軒だったとすると、慰安所1軒当たりの慰安婦数はそれぞれ約4,762人と358人となる。資料D及びEの元慰安婦は誰もこれ程膨大な人数に触れてはいない。

(3) 極端な話と言えば、作・権テソン／訳・村山一平の漫画『もう一度生まれたら、花に』で主人公となった慰安婦らしい少女が以下のような述懐をしている[出典：高柳美知子・岩本正光編著『戦争と性』2007年、かもがわ出版、p. 26]。

ご飯も食べることが出来なく、休む事も出来なくて・・・
それだけでなく生理の時にも、彼らを受け入れなければならなかったのです
少ない日は30人、そして多い日には一日に70名ずつ・・・

(4) この少女が典型的な慰安婦なら、慰安所を利用した兵士は、1日当たり少なくても20万人×30人＝600万人、多ければ20万人×70人＝1,400万人になる。慰安所が600軒あったなら、1軒当たりの利用者は、10,000人から23,300人になる。慰安所内で酒を飲むことは原則禁止されていたので、1人の兵士が慰安所利用後に1合の酒を飲むとすれば、慰安所近傍の酒屋は1升瓶の酒を少なくても1,000本から2,300本用意していたに違いない。1927年（昭和2年）の記録しか見つけられなかったが、日本国内では2等の日本酒が1升1円80銭だったとある[出典：昭和初期物価表－宿泊・飲食・酒場、www.geocities.jp/wiz_emerald/bukka-5.htm、2019年1月31日閲覧]。1929年に世界恐慌があったので、1940年前後は消費者物価指数がほぼ同じだったと仮定し、日本酒1升を2円とし、儲けが1割なら、1日の売り上げは最低でも2円×0.1×1,000本＝200円で、1カ月の儲けは200円×30＝6,000円となる。1942年当時、東条英機首相の月給は800円だった[出典：水間正憲著『ひと目でわかる「慰安婦問題」の真実』2014年、PHP研究所、p. 78]ので、酒屋の主人は、御殿を建て、「左うちわ」ではなく、各部屋でエアコンの風を受けていただろう。

慰安婦対兵士の割合

(1) 1939年4月15日の医務局長課長会報の松村波集団軍医部長報告[出典：資料A〈上〉、p. 146)]は、「性病予防のため兵100人につき1名の割合で慰安隊を輸入する」としている。つまり100人の部隊には1人の慰安婦が必要になる。そうすると、朝鮮人慰安婦総数が20万人だったな

ら、戦地には少なくとも20万人×100人＝2,000万人の兵士がいたことになる。日本が武器を置いた1945年8月15日、日本国外の総兵力は334万5100人だった［**出典：東京新聞2010.8.8大図解シリーズ「終戦の日を考える」、厚労省援護局調べ、1945年8月15日時点の兵数**］。このうち、千島・樺太、満州、朝鮮、台湾にいた人数を除くと、中国本土や東南アジアなどの残存兵力は2,061,200人だった。

(2)　では100人対1人の割合が妥当なものかどうか。勿論戦況が落ち着いているという前提だが、兵士は外出許可（陸軍）や上陸許可（海軍）を受けなければ慰安所へ行くことができない。兵士100人が外出許可を得たとしても、慰安婦1人が1日に100人の兵士を相手にすることはできない。だから駐屯部隊は慰安所利用日を定めていた：日曜＝大隊本部、行李（＊戦闘や宿営に必要な資材などを運ぶ部隊）、月曜＝第11中隊、火曜＝機関銃中隊、歩兵砲隊、水曜＝衛生隊、木曜＝工兵隊、輜重隊、無線、金曜＝体育隊、通信、弾薬班、土曜＝午前検査（＊慰安婦）［**出典：昭和17年（1942年）8月、軍人倶楽部規定、資料A〈上〉、p. 367 - 368**］。しかし各部隊は兵士全員を1度に外出させることはできない。100人編成の1個中隊部隊が4分の1ないし5分の1の兵士を外出させるとし、1人の慰安婦が1日25人の兵士を相手にすれば、1カ月でその中隊を賄うことはできる。慰安婦1人で25人は忙しいだろうが、トラック島などでは実績があった。つまり100対1という兵士対慰安婦割合は納得できる数字になる。尚、慰安所1軒には10人前後の慰安婦がいたので、25人×10＝250人となり、その近傍では10個中隊が慰安所の恩恵を受けることができる。但し10個中隊の全兵士が慰安所を利用するとしてのことだ。

(3)　さて、編纂者が推定した慰安婦総数6千人強を、上記兵士対慰安婦割合に当て嵌めると、6千×100＝60万人の兵士が戦地にいたことになる。これだと上記(1)で掲げた残存兵力200万人の3分の1以下になり、慰安婦総数の方に整合性がなくなる。つまり、200万人÷100＝2万人の方がもっともらしい。しかし2万人÷589軒＝33.95人となれば、1軒当たりの慰安婦数が多過ぎるので、今度は慰安婦総数2万人の方に整合性がなくなる。

(4) それでも慰安婦総数6,000人強は妥当なのだろうか。慰安所設置の前提は統治可能な占領地でなければならず、同時にそこが前線部隊の後方支援基地になる。つまりその地に一定数の兵士を配置する必要がある。こうした状況を考慮した上で、いわゆる戦場にいた兵士数を240万人だとし、それ以外の60万人、つまり総兵力の5分の1が慰安所の恩恵を受けたとすれば、慰安婦総数6,000人強が実情と極端に異なっていたとは言えない。資料A-Eによれば、隊長から「戦闘、止め！」の掛け声があった直後、兵士が慰安所に駆け込んだという事例は見られない。

慰安婦交代率

(1) 慰安婦数に関し、秦育彦氏や吉見義明氏などは慰安婦交替率を1.5とか2.0としている［**出典：『「慰安婦」問題とアジア女性基金』2007年3月、財団法人女性のためのアジア平和国民基金、p. 10**］。病気で落命したとか、年季明けで帰国した慰安婦の補充を考慮し、例えば1940年6月現在で仮に6,000人の慰安婦がいて、娼妓契約が2年と定められていれば、2年後の1942年6月には、慰安婦総数が6,000人×1.5＝9,000人ないし6,000人×2.0＝12,000人になったと推定するものだ。これを否定する事由はない。

(2) 推定慰安婦数6,000人強に交代率1.5を算入すれば、9,000人となるけれど、①戦火で慰安所が閉鎖されたり、②個人的理由で慰安婦が慰安所を転々としたり、③慰安婦が収入を得る手段として公娼を続けたりしたことを考慮すると、1.5とか2.0とかの交代率の妥当性にやや疑義が生じる。但し、ある時点での総数なら、6,000人強を可とすることもできる。

(3) では、慰安婦が強制連行された性奴隷だったとの主張は、交代率導入にも意義があるのだろうか。営業者は病気・栄養不良・虐待などで死亡した性奴隷を当然補充するだろうが、性奴隷には年季明けがない。従って、交代率1.5とは病気や虐待などで死亡する性奴隷数が、例えば2年後に5割に達することを意味する。2.0なら、2年後に性奴隷は総入れ替えとなる。極悪非道の営業者でも性奴隷の費用対効果を蔑ろにはしないはずだ。

慰安婦収入

(1) 戦地にいた慰安婦は定期的に収入を得ていた。彼女たちは自分の稼ぎの一部を貯金するように奨励されていただけでなく、家族にも送金していた［出典：水間正憲著『ひと目でわかる「慰安婦問題」の真実』2014年、PHP研究所、p. 78］。

(2) 資料Dを読むと、元慰安婦だったと主張している証言者25人の中、給料をもらったのは4人［出典：資料D〈下〉p. 32、115、221、314］、その中で取り分に触れたのは1人［同〈下〉p. 32］だった。一方、お金を稼ぐために自分から営業者などの誘いに乗ったのは14人になる［同〈上〉、p. 21、45、104、118、127、167、同〈下〉、p. 22、81、117、132、178、241、251、283］。性奴隷が給料を得ていたとしたら驚かざるを得ないが、甘言に釣られた上記14人は、自分の取り分を主張しなかったのだろうか。

(3) 慰安所で働いた慰安婦の取り分はどのくらいだったのだろうか。**慰安婦の取り分は、本人の債務残高により、稼ぎの4割から6割だった。慰安施設及旅館営業遵守規定制定の件達（抄）**を参照。この通達には注目するべき点が3つある。①雇主は、慰安婦名義で強制的に貯金することとされていた。②前借金も別借金も無利息だった。③慰安婦は少なくとも稼ぎの4割の収入があった。上記通達が1943年になり、マレーシアのみで突然、初めて発令されたと考えることもできる。しかしそれは合理的な解釈にはならない。なぜなら、朝鮮半島だけでも公娼関連規則の施行は1916年以来、27年の歴史があるからだ。

(4) 慰安婦の収入と貯金については、**日本人慰安婦**(4)、**慰安婦証言**(5)及び**オランダ人女性とスマラン事件と岡田少佐**(4.6)を参照。郵便貯金簿を持っていた文玉珠氏は、後に郵便貯金の返還請求訴訟を起こす[出典：水間正憲著『ひと目でわかる「慰安婦問題」の真実』2014年、PHP研究所、p. 79]。

慰安婦証言

(1) 1993年に出版された資料Eは、元慰安婦とされる19人の証言を掲載している。2010年に出版された資料Dは、元慰安婦とされる25人の証言を掲載している。普通に考えれば、上記2冊で44人の証言が得られることになるが、資料Dは、資料Eに含まれている6人の証言を敢えて再掲している。この事実はどう解釈するべきだろうか。うがった見方をすれば、資料Eの19人の内、6人の証言だけを妥当と判断したからだろう。

(2) 資料Dと資料Eの証言はすべて信じられるのだろうか。当初挺対協には110人が元慰安婦として登録された。そのうち、挺対協が実際に話を聞いたのは半数以下の40人だった。なぜ40人からしか話を聞くことができなかったのか。挺対協はその中の19人の証言を出版した。なぜ19人の証言のみを出版したのか。それを合理的に説明していれば、彼らの証言の信憑性は増すはずだ。さらに言えば、資料D及びEの編集者は事前に確認するべきチェック・リストを準備するべきだった。彼らが一貫性のある質問を元慰安婦にしていれば、個々人の記憶の曖昧さを補足できたし、彼女たちに共通する事実をもっと明白にできたはずだ。自らの面談姿勢に関し、オ・ヨンジュ氏は以下のように述べている[出典：資料D〈下〉、p. 237-238]。

ハルモニの話はよくまとまったメモを順番通り読んでいくかのように、空間の移動が比較的正確だった。…。ハルモニは四度にわたるインタビューの間、ほぼ類似した枠をくり返し（＊た）。…。しかし、一方ではハルモニの定型化された記憶からいかにして抜け出せるのか、そしてその前にハルモニの記憶がどうしてこのように定型化してしまったのかを悩むようになった。…。

ハルモニの定型化したインタビューの流れを変えるためには、やむを得ず質問を投げかけるしかなかった。質問には事実的な経験を聞くのではなく、ハルモニの全体的な考えを問うもの、あるいはハルモニの感情の状態を聞く内容を盛り込むことに決めた。

(3) 証言者19人のうち、官憲に強制連行されたと述べたのは4人。4人のうち2人は一旦それ以前に自分が妓生だったことと、出張売春をしていたことを認めたが、後に撤回した。残りの2人はそれぞれ釜山（韓国）と富山（日本）の慰安所に連れて行かれたと述べたが、釜山にも富山にも軍が要請して設置した慰安所は存在しなかった［**出典：阿部晃著『日本人なら知っておきたい「慰安婦問題」のからくり』2005年、夏目書房、p. 138、p. 143**］。

(4) 慰安所についてはまだ疑義がある。1人の慰安婦は台湾中西部の彰化の慰安所にいたと言う［**出典：資料D〈上〉、p. 107**］。そもそも台湾は日本が清朝から割譲されて総督府を置いて統治していたので、戦地ではない。資料Eは慰安婦がいた場所の地図（p. 19）を掲載し、吉林（p. 113）、大阪（p. 245）、富山（p. 286）、釜山（p. 301）に加え、新竹、高雄を挙げている。その6カ所も満州、日本国内、朝鮮と台湾なので、楼名に軍専用とか軍御用達とかの言葉が付記されていても、慰安所とは言えない。

(5) 元慰安婦文玉珠氏は、伝記を書いてもらい、ビルマのマンダレーやラングーンでの慰安所生活を語っている［**出典：『文玉珠　ビルマ戦線　楯師団の「慰安婦」だった私』構成と解説・森川万智子、1996年、梨の木社**］。彼女は1942年からの慰安婦生活で26,145円を貯金し、月平均の稼ぎは1,000

円で、当時東条英機首相の月給は800円だった［出典：水間正憲著『ひと目でわかる「慰安婦問題」の真実』2014年、PHP研究所、p. 78)。彼女は1945年4月か5月頃、故郷の父母に5,000円を郵送していて、彼女の兄がそれを受け取っていた［出典：森万智子『文玉珠　ビルマ戦線　楯師団の「慰安婦」だった私』新装増補版、梨の木社、2015年、p. 247］。この伝記は『サンダカン八番娼館』と同じように事実関係を理解しやすい。

(6) 資料D〈下〉の執筆者の1人、金子真知子氏は元慰安婦の姜日出氏に面談し、以下の証言を得ている。姜氏は79歳だと述べているが、16歳から61年経てば、77歳となる。この差は韓国に満年齢と数え年とを両方使う慣習があるからかもしれないが、金子氏は本人に年齢の違いを直接確認していない［出典：高柳美知子・岩本正光編著『戦争と性』2007年、かもがわ出版、p. 50］。

> 16歳の時、日本軍によって中国·吉林省の慰安所に連行された。61年たっても、いまだ日本政府が自分たちに謝罪してくれないことに怒りをおぼえる。現在79歳で、糖尿などの持病もあるが、自分で薬をせんじて飲んだり規則正しい生活をしているので、時々は山に登ったりもできる。

(7) 2007年2月15日、元慰安婦ジャン・ラフ・オハーン氏、李容洙氏、金君子氏は米国下院公聴会に出席し、慰安婦問題について発言した。彼女たちは喜怒哀楽の怒と哀の表情だけを浮かべ、ファイアー博士が掲げた嘘に関わる5つの特徴についてはその片鱗も見せなかったのだろう。

慰安婦募集

(1) 1944年7月26日付け京城日報と1944年10月27日付け毎日新報は、以下の広告を掲載している［出典：秦郁彦著『慰安婦問題の決算　現代史の深淵』2016年、PHP研究所、p. 209］。

慰安婦至急大募集

年齢　17歳以上23歳迄

勤先　後方○○隊慰安部

月収300円以上（前借3,000円迄可）

午前8時より午後10時迄本人来談

今井紹介所　電話○-1613

『軍』慰安婦急募

一、行先　○○部隊慰安所

一、応募資格　年齢18歳以上30歳以内身体強健（＊朝鮮語2文字挿入）

一、募集期日　10月27日（＊朝鮮語2文字挿入）11月8日（＊朝鮮語2文字挿入）

一、出発日　11月10日頃

一、契約及待遇　本人面談（＊朝鮮語2文字挿入）即時決定（＊朝鮮語1文字挿入）

一、募集人員　数十名

朝鮮旅館内　○-1645（許氏）

(2)　これらの広告は、①女性の年齢を17歳、18歳以上とし、②女性が雇用契約を結び、③女性が給料をもらうことを明らかにしている。つまり、公娼制度の手続きすべてを明示していないが、少なくとも女性と慰安所の営業者とが、面談の上、契約を結ぶことを明確にしている。今井紹介所の担当者は日本人の今井さんだろうが、朝鮮旅館の許氏は日本人ではない。韓国側の主張に沿うならば、面談に訪れた女性はそのまま拉致されるので、彼女はその日から忽然と消えたことになる。

(3)　今の世の中、風俗産業に就職する女性は少なからずいる。しかし当時は、生活苦や借金を理由にし、慰安婦になる女性が多かった。彼女たちは誰にも相談せず紹介所や旅館へ行っただろうか。もし友だちか誰かに自分の計画を漏らしていれば、その相手は女性の消息を尋ねただろう。親や自分の借金返済のためなら、彼らは債権者に「近々返済する」と約束していたはずだ。親なら新聞に「尋ね人」の広告や当局へ捜索願いを出したはずだが、そんな記録はないようだ。

(4) 当時朝鮮にあった新聞社が広告自体をすべて削除し、廃棄していても、電話の加入者名簿あるいは電話帳が残っていれば、加入者やその子孫を辿ることは可能だ。5桁の電話番号では局番が1から9までなので、例えば1－0000、2－000などを算入しても加入者は最大でも89,991人となる。彼らに話を聞くことができれば、募集に関する事実が明らかになるだろう。但し、現状ではそれを韓国側に望むことはできない。

(5) 韓国側が慰安婦は強制連行され、性奴隷にさせられたと主張したいなら、「慰安婦募集は虚偽だ！」とか「電話の加入者名簿は存在しない！」と主張することもできる。しかしそんな主張はないようだ。

慰安婦身分証明書

(1) 公娼制度の下で慰安婦になろうとすれば、女性や家長は定められた手続きを踏まなければならない。諸手続きが済んだ後、彼女は警察当局から公娼としての身分証明書を発給され、戦地に到着したら、現地官憲にその証明書を提示することが求められていた。**芸妓酌婦芸妓置屋営業取締規則**や**貸座敷娼妓取締規則**を参照。

(2) 資料Dの証言者25人の中で、証言が曖昧ながらも身分証明書を発給されていたのは、5人［出典：資料D〈上〉p. 46、同〈下〉p. 24、p. 83、p. 116、p. 288］、承諾書らしいものに言及していたのは1人［同〈下〉p. 241］だった。自分が売られたと理解していた慰安婦は4名だった［同〈上〉、p. 83、p. 127、p. 155］、［同〈下〉、p. 313］。女性を強制連行して性奴隷にするなら、身分証明書や承諾書は必要ない。

(3) どういう手続きが踏まれたにしろ、慰安婦となった女性が実質的には人身売買されたと主張することはできる。このことは女性の人権侵害の観点から議論の対象になる。しかしその主張は、身分証明書が交付され、前借金が慰安婦となる女性本人や彼女の親族に手渡され、慰安婦が慰安所で月収を得て生計を立てていたという事実を無視して論じるべきではない。

からゆきさん

(1) 倉橋正直氏は売春婦だったからゆきさんに関し3冊の本を書いている。その後上梓した著書で以下のように記述している［出典：倉橋正直著『従軍慰安婦と公娼制度―従軍慰安婦問題再論』2010、共栄書房］。（＊段落番号及び下線は編纂者による）。

(1.1) （＊からゆきさんについては、）「海外醜業婦」が当時の一般的呼称であって、新聞や官庁文書で使われた。…。「からゆきさん」（漢字で書くと、唐行きさん）は、その時代、九州だけの地方方言であった。今日、これが通称になる。…。（＊彼女たちが出掛けたのは）「シベリア、満州（中国東北地方）、中国（関内）、東南アジア、北アメリカの五ヵ所であった」。…。彼女たちは、「歓迎され、有利に稼げる所を選んで出かけた。p. 196。（＊中国の関内とは、函谷（かんこく）関以西の地。陝西省の渭水盆地一帯をいう。関中とある［出典：関内（かんない）とは、日本国語大辞典の解説、コトバンク、https://kotobank.jp/word/、2019年1月29日閲覧］。

(1.2) 日本政府は終始、（＊からゆきさん渡航を）放任し、（＊彼女たちは）稼いだ金を故郷の父母に送った。また、帰国時に自分で携帯して持ち帰った。彼女たちは騙され、汽船の船底の石炭倉に隠れて東南アジアに密航したといいならわされてきた。…。――これらは神話であって、事実ではない。…。殆どの場合、彼女たちは外地で売春をして稼ぐことをあらかじめ承知して出かけて行った。長崎港から合法的に出入国した。…。密航はたしかにごく少数、例外的に行なわれた。その目的は、売春業者が娘たちの渡航費を節約するためであった。p. 202-204。

(1.3) 「からゆきさん」の伝統は、幕末から第二次世界大戦の時期まで、およそ70～80年間続いた。もし、危険極まりないものであれば、娘たちはあえて国外に出かけなかったであろう。彼女たちの親たちも、また娘たちの国外への出稼ぎを許さなかったであろうから、「からゆきさん」の伝統は途中で終わっていたはずである。…。多くの「からゆきさん」は何とか無事に帰国できた。彼女たちは日本国内よりも有利に金を稼いで、故郷に帰ってくる。だから、危険はあるが、その程度は総合的に判断して許容できる範囲内にとどまると考えられた。…。「からゆきさん」として、いわば成功した場合、故郷にもどり、海外で稼いだお金を結婚資金にして結婚した。当時、そう言ったことが普通であった。郷里では、道徳的に非難されたりしない。むしろ羨ましがられた。…。地元の少女たちはそういった成功者を身近に見て、羨ましく思い、憧れた。そして、自分たちも彼女たちのあとに続いて国外に出かけてゆこうと決意した。p. 208-209.

(1.4) 「からゆきさん」に対する各種の否定的な見解――、…。私はこれらの見解をとらない。最も強く反対する。…。あえて触れない・見ないようにしてきた。「臭いものにフタ」はいけない。売春はそれなりに大事なものと私は考える。気の毒な人たち。哀れみ。かわいそう。同情を寄せる。――たしかにシンガポールに現存する「からゆきさん」の墓を見たり、また、北満の原野に葬られた彼女たちの粗末な木製の墓標の写真を見れば、彼女たちの運命のはかなさに涙をそそられる。「からゆきさん」を待っていた運命はそれだけ過酷であった。当然、この要素はある。しかし、私はこれだけにとどまってはならないと考える。彼女たちはもっとしたたかであった。窮状にへこたれない強さを持っていた。「からゆきさん」だけにとどまらず、売春婦一般にもいえるが、私はこの要素を強く出したい。p. 210-211.

(2) 慰安婦問題と倉橋氏の調査研究や見解とを照らし合わせると、慰安婦と「からゆきさん」の実態には強い相関関係がある。日朝間に人の行き来が多かったことについて引用できる資料はないが、朝鮮にいた日本人の人口は、1931年に524,660人、1942年に752,823人だった［出典：日本統治下における朝鮮半島での日本人の人口と職業分布、併合時の朝鮮半島における日本人の人口および職業、平成22年1月21日木曜日くもり　△、www.tamanegiya.com/kako/tyousennnonitponnjinn22.1.21.html、「文責はすべて、酒たまねぎや店主の木下隆義にございます」による、呉善花氏の『生活者の日本統治時代』（三交社　平成十二年刊）の孫引き、2019年1月29日閲覧］。一方、日本にいた朝鮮人の人口は1931年に318,212人、1942年に1,625,052人［出典：図録 在日韓国・朝鮮人人数の長期推移、1914～1944内務省警保局統計、https://honkawa2.sakura.ne.jp/1185.html、2019年1月29日閲覧］。当時朝鮮に住んでいた日本人と日本に住んでいた朝鮮人の人口とを考慮し、さらに短期滞在で日朝を往復した人たちを加えれば、「からゆきさん」になること＝収入を得る手段という話が、対馬海峡を渡ったと考えても不合理ではない。「からゆきさん」の歴史（伝統）は70から80年間。朝鮮に統監府が設置されて以来日本の敗戦まで40年弱。時系列で見れば、少なくとも40年間が重なっているからだ。

(3) 日本女性史研究者の山崎朋子氏もからゆきさんについての著作がある。同書はからゆきさんだったおサキさんの話を聞くまでの過程、おサキさんの話、その後関係者を訪ねて聞いた話で構成されている。山崎氏は冒頭で以下のように書いている［出典：山崎朋子『サンダカン八番娼館―底辺女性史序章』1972年、筑摩書房、p. 7-8］。

〈からゆきさん〉とは、「行（ゆき）」または「唐（から）ん国行（くにゆき）」という言葉のつづまったもので、…。どうしてわたしが、…、〈からゆきさん〉に執心するのか、…、端的に言えば、かつて天草や島原の村々から売られて行った海外売春婦たちが、階級と性という二重の桎梏のもとに長く虐げられてきた日本女性の苦しみの集中的表現であり、ことばを換えれば、彼女らが日本における女性存在の〈原点〉をなしている――と信ずるからである。

(3.1)　おサキさんと3週間一緒に暮らした山崎氏は以下のように書いている［出典：同上、p. 255-256］。

おサキさんは、…。人びとから差別の目をもって見られながら、拗ね者になったり、反社会的な行為をしたりすることなく、かえって自己の人格を高めたのだ。…。おサキさんの（＊思いやり）は、人間はもちろんのこと、「あれも、いのちのあるもんじゃけん――」と言って、自分の食物を削って九匹の捨て猫に分けあたえるほど広いのである。

からゆきさんにかぎらず売春婦についての研究というと、多くの場合、その悲惨な境遇の報告とそれにたいする研究者の同情のみが強調されて、彼女らの〈人間的価値〉については全く切り捨てられていたと言える。むろん、売春婦研究の目的は、つまるところ売春の社会的根絶にあるのであって、彼女らの人格的評価にあるわけではないから、なかば必然的に売春生活の悲惨なありさまの報告とそれへの同情に傾くのであろう。けれども、からゆきさんをはじめ多種多様な売春婦たちのなかには、肉体を売って生きなければならないという同一の条件のもとで、絶望して自堕落になって行く人がある一方、どん底の汚辱を見極めたまさにそのことに学んで人格的に円熟し、思想的・哲学的な深みにまで達する人もあるのだ。そしてこのことは、従来の売春婦研究から洩れていることであればあるほど、みずからの春を鬻(ひさ)がずしては生活できなかった底辺女性の名誉のために、わたしはここに明記しておかねばならないと信ずるのである――。

(3.2) 山崎氏は、おサキさんが自己の人格を高めたと書いている。これは山崎氏がそう書かざるを得ない程、彼女から感銘を受けたからに違いない。それが次に〈人間的価値〉という言葉で表現された。資料DやEで40人程の元慰安婦と面談した編集者には、果たして山崎氏が肌で感じたことと同じものがあったのだろうか。土井健郎氏は『甘えの構造』で「罪は責めらるべきである。しかしもしこの際、それによって自己自身の罪悪感がふっとぶようならば問題である」と書いている。編集者には同様の問題意識があったのだろうか。

(3.3) 少し生臭いが、からゆきさんとお金に触れる。10歳になったおサキさんは、普那象兄さんに頼み込まれ、300円で売られ、ボルネオ島のサンダカンへ行った。13歳頃から売春をさせられ、30歳半ば頃イギリス人の妾になり、6年ほど暮らした。当時彼女の手当ては毎月1,000円だった。そして彼女が「中戻り」で島原へ帰る時、彼から5,000円の餞別をもらっている［出典：同上、p. 93、p. 123、p. 127］。中戻りの正確な年月日は不明だが、1935年前後のことだ。補足すると、1945年秋、彼女は夫と息子と一緒に満州から逃げ、京都で暮らし、1960年頃に寡婦として天草に戻った。

(3.4) からゆきさんの送金に関し、以下の記述がある［出典：同上、p. 269］。

入江寅次著『海外邦人発展史』によるなら、明治三十三年度にウラジオストックを中心とするシベリア一帯の出稼ぎ人が日本へ送った金額は約百万円だが、その内六十三万円がからゆきさんの送金であり、また、「福岡日々新聞」の大正十五年九月九日付のからゆきさん探訪記事「女人の国」を引くと、島原の「小浜署管内の四ヶ町村から渡航した……之等の女が、昨年中郷里の父兄の許へ送金したのが一万二千余円、全島原三十ヶ町村を合すれば、昨年中だけで優に三十万円を突破してゐる」ということだが、貨幣価値の高かった明治・大正期に之だけの外貨はどれほど日本国家の富国強兵策の推進に役立ったかしれない。[出典：同上、p. 269]。

日本人慰安婦

(1) 西野留美子氏は、慰安婦になった日本人の動機や経緯を外形的な観点から以下の4つに整理している[出典:西野留美子・小野沢あかね責任編集『日本人「慰安婦」―愛国心と人身売買と―』2015年現代書館、p. 121-123]。4分類の中に強制連行はない。これは強制連行をしなくても、日本から慰安婦を供給することができるという社会的な背景があったからだろうが、朝鮮には同じ背景がなかったのだろうか。

①遊廓にいて借金返済に苦しんでいた女性（芸娼妓）が慰安所に鞍替えしたケースと前借金はなく、小間使いとして遊郭に売られた女性がそのまま（＊抱主に連れられて）慰安所に行き、慰安婦になったケース
②貧困を背景に人身売買により身売りされた女性が慰安所に送られたケース
③就業詐欺の募集に応募して慰安所に連れて行かれたケース
④戦地で軍属の女性が「慰安婦」になることを<u>強要された</u>ケース

(2) 西野氏は続けて、「公的に顔を見せて名乗り出た（＊日本人）被害者は

城田すず子さんを除いては他におらず、人身売買や騙されて慰安所に送られたケースほど当事者の沈黙は固い」と書いている［出典：同上、p. 123］。この沈黙に関し、日本女性史研究者の山崎朋子氏は、「売春生活の機微にわたって書くことに、女性としての抵抗感がつき纏うということもあるが、売春生活を告白することが家または一族の恥になるという思念が、何よりも大きな障壁となったから」だと書いている［出典：山崎朋子『サンダカン八番娼館―底辺女性史序章』1972年、筑摩書房、p. 20］。

(2.1)　一方、韓国では挺対協の働き掛けにより1991年から元慰安婦だという女性が続々と名乗り出た。彼女たちと日本人慰安婦の意識はどこがどう違うのだろうか。前者は日本政府に対し謝罪と賠償とを求め、女性の人権侵害をも訴えている。後者は謝罪と賠償より「恥」の意識が強いから沈黙を守り、政府を訴えないのだろうか。

(2.2)　山崎氏の上記著書は「からゆきさん」と呼ばれた日本人売春婦の境遇を綴ったものだ。その中に登場するおサキさんも当初は沈黙を守っていたが、次第に重い口を開いていく。3週間滞在した彼女の家を去る時になり、山崎氏は初めて取材目的を明らかにした。その告白に対しおサキさんは次のように述べた［出典：同上、p. 248］。

おサキさんは、わたしが…、泣きじゃくる程度になると、膝をにじって小柄なからだをわたしの近くへ寄せて来た。そして、わたしの背中をやさしくさすってくれながら、「もう、泣かんでもよか。うちは初めは家出でもしてきたのかと思ったが、中途から、おまえが外国の話ば聞きたいんじゃと見当つけとって、うちは外国のこっぱ話したとじゃけん、お前が気にすることはなか――」と言うのである。また、さらにつづけて、「うちやおフミさんのことを本に書くちゅうことじゃが、ほかの者ならどうかしらんが、おまえが書くとならなんもかまわんと。うちは、外国のことでも村のことでも、おまえに嘘は爪の先ほども言うとらん。本当のこと書くとなら、誰にも遠慮することはなか――」とも言うのである。

(2.3) 尚、九州の天草に住んでいたおサキさんは生活保護を受けようとはしなかった。当時京都にいた息子のユウジから月々4,000円の送金があり、その援助だけで辛うじて生活していたが、生活保護を受ければ、9,587円が手に入っていた。これには息子の体面を守るという理由もあった[出典:同上、p. 51、p. 144]。山崎氏は、「それにしても、ゲノン・サナさんの以上に述べたような態度に触れてみて、はじめてわたしは、おサキさんの人間としての偉大さに思い至った」と書いている[出典:同上、p. 238]。おサキさんが生活保護を拒否した本当の理由はその行間にあるのかもしれない。

(3) 慰安婦の処遇に関し、将校専用慰安婦は1日1人を相手にしたが、一般兵士用慰安婦は、朝鮮人慰安婦と同じように1日30人を相手にしたようだ。将校専用慰安婦は、17時に仕事を終えると、食堂でしゃべり、部屋で雑誌を読み、10日に1度くらい繁華街へ行き、買い物をしたり、好きなものを食べたり、映画を観たりして帰ったようだ。これについて西野氏は「業者の口を通しての回想なので、業者に不利な点は語らないだろうから実態との間に齟齬があることは頭に入れて読む必要がある」としている。日本人戦争捕虜尋問報告書第49号にある、慰安婦たちはピクニックに行っていたという記述について、「慰安婦は自由で、楽しんでいた」のではなく、「将兵が楽しむために彼女たちを同行したと考えるのが自然」だとし、…、「そのような自由があったことは考えにくい」と書いている[出典:西野留美子・小野沢あかね責任編集『日本人「慰安婦」―愛国心と人身売買と―』2015年現代書館、p. 124-125]。考えにくいだろうが、西野氏が引用する山内氏(＊芸者上がり)は、「将校と同等に近い食生活」で、「島での生活は想像以上に快適な毎日だった」と言っていた[出典:

同上、p. 124]。元慰安婦文玉氏の証言や映画を観に行った朴永心氏の証言［出典：資料D〈上〉、p. 30］はどう解釈するべきなのか。

(4) 慰安婦の収入について、トラック島の慰安所で山内氏は売り上げの4割を、上海の慰安所で高島氏(娼婦上がり)は売り上げの5割を得ていた。西野氏は、「全時期にわたって、あるいはどの慰安所でもこのような条件が満たされていたとは言えないが、朝鮮人「慰安婦」には見られない特徴であり、初期においてこうした慰安所があったことは指摘しておきたい」と書き、以下の証言を掲載している。

(4.1) 山内馨子(菊丸)：食事等で厚遇を得て、1日将校1人を相手にしていたようだ。そうだとすると、収入は1日5円の4割となり、1カ月間休みなく働いても5円×0.4×30日＝60円の稼ぎにしかならない［出典：同上、料金の記述、p. 128］。彼女は鈴木文氏と同じトラック島にいて、他の慰安婦と稼ぎ高を比べなかったのだろうか。

(4.2) 鈴木文(仮名)：彼女本人が、「1カ月から3カ月くらいで借金が抜け、後は稼ぎ放題」「5～6000円、1万円はざらで、3万円も貯金している者もいた」「軍に肩代わりしてもらった前借金2,300円を返済しても、(*帰国した時)1万円の稼ぎが残った」と語っている［出典：同上、p. 129-130、p. 147］。鈴木氏は一般兵士を相手にしていたので、1回2円、取り分4割、1日最大で30人を相手にすれば、月収は2円×0.4×30人×30日＝720円で、年収は8,640円となる。実働2年で1万円を残すことは可能になる。

(4.3) 嶋田美子(仮名)：前借金は1年半で返済することができたが、美子は軍から離れる気にはなれなかった。24連隊が転戦するに際し、美子たちは、「君たちは連れていかれない。今度の行き先は戦場だ」と言われ、泣いたようだ［出典：同上、p. 146-147］。

(4.4)　高島順子（仮名）：約500円の前借金に加え、合わせて2,000円の前借金を貰うことで慰安婦募集に志願し、上海の南市の慰安所で働き、慰安婦は1日平均15人の客を取り、収入は本人と主人と折半で、女たちは1～3カ月で借金を完済することができた。稼ぎの清算は5日目ごとに行われ、順子は稼ぎ頭だった［出典：同上、p. 148］。

(5)　西野氏は、〈「元日本兵の金子安次氏は慰安所に日本人女性がいるのを見て、「大和撫子がこんなところに来てこんな商売をしているなんて、お前は日本人の恥さらしだ」と激怒したと語っている。戦記にも「日本人にとってせめてもの慰めは、日本婦人が一人もまじっていなかったことである」という回想があるが、慰安所に行く兵士にとって日本人女性が「慰安婦」であることは断じて許せなかったのだ」〉という言葉を引用している［出典：同上、p. 132］。ところで出征する陸軍部隊はその本拠地がある日本国内で編成された。中国の漢口へ出征した香川県の天谷部隊に関し、出征情報を得た業者は、婦女50名を募集し、支那への引率許可を県知事に願い出ていた［出典：資料A〈上〉、p. 187-188］。転戦を余儀なくされた一介の兵士が部隊編成と業者との関連を知ることはなかったかもしれないが、上記「激怒」や「慰め」は一方的な見解だろう。さらに言えば、引用された2人の兵士は、単に朝鮮人や中国人など蔑視するだけでなく、女性全体を蔑視しているような気がする。

(6)　西野氏は、慰安婦が一部の人たちから美化され、称賛されていることについて、これを功績論と生贄（いけにえ）論から論じ、「慰安婦必要論を支える思想的・体験的支柱の骨格となる」とし、「紛れもなく権力者の発想であり、いわば女性の二分化を必須条件として「性の防波堤」是認論」だとしている［出典：西野留美子・小野沢あかね責任編集『日本人「慰安婦」―愛国心と人身売買と―』2015年現代書館、p. 135-136］。慰安婦を捉えた彼女の視点は正鵠を射ている。彼女が使っている「性の防波堤」とは、戦地で兵士に現地女性を強姦させないという意味になる。

従軍慰安婦

⑴　千田夏光氏が好んだ言葉。慰安所は日本軍駐屯地近くに設置されていた。しかし戦況が落ち着き、その地域の統治が可能でなければ、民間人が経営する慰安所を設置することはできないので、部隊移動と慰安所設置は時系列で同時にはならない。

⑵　吉田氏が女性を強制連行したと書いたように、千田氏も下記のような大きな誤謬を活字にした［出典：千田夏光著『従軍慰安婦』1984年、講談社（＊1973年、双葉社が出版した原本の文庫本）］。

冷厳なる数字としてこんにち示し得るのは、元ソウル新聞編集局長で現在は文教部（文部省）スポークスマンを務めておられる、鄭達善氏が見せてくれた一片のソウル新聞の切り抜きだけである。そこには一九四三年から四五年まで、挺身隊の名のもと若い朝鮮婦人約二十万人が動員され、うち〝五万人ないし七万人〟が慰安婦にされたとあるのである。

その新聞記事は、〝奸悪な日帝はこの土地から引っ張った挺身隊の記録を敗戦がきまると全部焼いてしまい正確な被害資料を残さなかった〟とも書いてあった。p. 118

こうして中量的な女狩りから戦争の拡大は大量の女狩りに移行していく。数々の証人が語るごとく、朝鮮において組織的に大量の女性が集められたのは昭和十八年からであった。それが最も猖獗をきわめたのは、陸軍大将阿部信行が第九代朝鮮総督として赴任して来たからだという。〝挺身隊〟という名の下に彼女らは集められたのである。

〝挺身隊〟なんとうまく表現した言葉だろう。この〝挺身隊〟員の資格は十二歳以上四十歳未満の未婚女性を対象とするものだった。ただし、総計二十万人（韓国側の推計）が集められたうち〝慰

安婦〟にされたのは〝五万人ないし七万人〟とされている。p. 132-133

⑶ 千田氏が引用している数字は検証されなければならない。

(3.1) 挺身隊員20万人について、高崎宗司アジア女性基金運営審議会委員は、1999年、「確実な資料から判断すると官斡旋による強制性のない朝鮮半島からの女子挺身隊は多く見積もっても4,000人ほどと推算されている」としている。事実、日本人女性は16万人が動員されているが、20万という数字は出ていない［出典：ウィキペディア『千田夏光』、https://ja.wikipedia.org/wiki/、2017年9月9日閲覧］。

(3.2) 千田氏が見た「一片のソウル新聞」について、在日朝鮮人運動史研究者の金英達氏は、千田氏が1970年8月14日付けソウル新聞の記事を誤読して典拠したとしている。その記事は、「1943年から1945年まで、挺身隊に動員された韓・日の2つの国の女性は全部でおよそ20万人。そのうち韓国女性は5～7万人と推算されている」というものだ［出典：同上］。

(3.3) 同じ20万人について、木下直子博士は以下のように書いている［出典：木下直子『「慰安婦」問題の言説空間』2017年、勉誠出版、p. 60-61］。金一勉氏についてはジョージ・ヒックスも参照。

千田に続き「慰安婦」制度に迫った著述家としては、金一勉が挙げられる。代表作は1976年に出版された『天皇の軍隊と朝鮮人慰安婦』である。ただし執筆にあたっては聞き取り調査や一次資料の発掘は行っておらず、単行本や雑誌記事などの資料を元に構成したテクストとなっている。…。

また同書では、「慰安婦」の「八～九割がうら若い朝鮮女性であった」とされ、総数は「『推定二〇万』と挙げるむきもある」とさしたる根拠もなく述べられる(同:18)。

(4) 「冷厳なる数字としてこんにち示し得るのは」と書いた元毎日新聞記者の千田氏の肩書きは重かったはずだ。

日本人戦争捕虜尋問報告書第49号

(1) アメリカ戦時情報局心理作戦班は、ビルマのミッチーナー慰安所にいた20人の朝鮮人慰安婦及び慰安所経営者2名への尋問結果を基に報告書を作成している。それが1944年10月1日付けの日本人戦争捕虜尋問報告書第49号だ[出典:資料B⑤, Ⅲ、米国戦争情報局関係資料、p. 113～117](*下記英文の後に記載しているp. 203やp. 205やp. 209とは資料B⑤にある英文資料のページ番号で、日本文のページ番号とは別物)。

序文:慰安婦とは日本軍に特有の語で、軍人のために軍に所属させられた売春婦のことをいう(nothing more than a prostitute or “professional camp followers”, p. 203)。ここでの記述はビルマの朝鮮人従軍慰安婦に関するものである。日本軍は1942年にこのような朝鮮人慰安婦を703人ほどビルマに向けて出航させたともいわれている。

募集:1942年5月、日本人の業者が朝鮮半島に赴き、東南アジアにおける「軍慰安業務」のためとして女性を募集した。高収入、家族の借金返済のための好機、軽労働等の宣伝に応じて多くの女子が勤務に応募し、2～300円の前払報酬を受領した。彼女たちの大半は無知、無学の者であった。自ら署名した契約により、前借り金の額に応じ半年から1年間の仕事に従事させられた。このような方法で約800名の女子が募集された。彼女らは1942年8月20日ころラングーンに経営者と共に上陸した。彼女らは8～

22名からのグループに分けられ、ビルマ各地域の日本陸軍駐屯地近くの町々に送られた。最終的には4つのグループがミッチーナー周辺に配された。

慰安婦の特性：慰安婦の平均年齢は25歳ほどであり、無学で子供っぽく、気まぐれでわがままであった。彼女らは自分の職業は嫌いだと主張し、その職業や家族について語ることを好まなかった。アメリカ兵から親切な取り扱いを受けたため、彼女らは、アメリカ兵は日本兵よりも情があると感じた。彼女らは、中国兵、インド兵を恐れていた。

生活および労働条件：ミッチーナーにおいては、通常2階建ての大きな建物に住んでおり、1人1部屋を与えられていた。そこで彼女らは生活し、眠り、仕事をしていた。食事は経営者が用意したものであった。食事や生活用品はそれほど切り詰められていたわけではなく、彼女らは金を多く持っていたので、欲しいものを買うことが出来た。兵士からの贈り物に加えて、衣服、靴、煙草、化粧品を買うことが出来た。

ビルマにいる間、彼女らは将兵とともにスポーツをして楽しんだりピクニックや演芸会、夕食会に参加した。彼女らは蓄音機を持っており、町に買い物にでることを許されていた。

料金:彼女らが業務を行う条件は陸軍によって規制されていた。軍は、その場所に展開している様々な部隊のために、料金、優先順位、日割りを設定することが必要であると考えていた。(階級別に利用時間、料金を表示)将校は20円で宿泊が許されていた。

日割り：陸軍は門限に非常に厳しかったので、兵士が女性に会えないまま帰らなければならない場合が多かった。この問題を解決するため、陸軍は曜日毎に慰安所を利用できる部隊を割り当てた。…。慰安婦は客を断る権利を与えられていた(The girls were allowed the prerogative of refusing a customer. This was often done if the person was too drunk. p. 205)。

収入および生活条件:慰安所経営者は、契約時の負債額に応じて、慰安婦の売り上げの50乃至60パーセントを受け取っていた。多くの経営者は、食糧その他の品物に高価格を課すことによって、慰安婦の生活を困窮させていた。1943年後半、陸軍は、負債の弁済を終えた慰安婦は帰国して良い旨の命令を出した。これにより帰国を許された慰安婦が数人いた(some of the girls、p. 205)。

慰安婦の健康状態は良好であった。彼女らは避妊具が充分に与えられており、兵隊たちもしばしば軍支給の避妊具を自ら持参した。日本人の軍医が週に1度慰安所を訪れ、罹病した慰安婦は治療、隔離し、入院させることもあった。

兵士たちの対応:大抵の日本人兵士は、慰安所において他人に見られるのを嫌っており、満員時に列を作って順番を待たなければならないことを恥ずかしがる傾向があった。他方、結婚を申し込むケースが多くあり、現実に結婚に至ったケースもあった(However, there were numerous instances of proposals of marriage and in certain cases marriages actually took place. p. 206)。

(2) 同報告書にある尋問は1944年8月10日以後から始まった。その時点で、最年少者は19歳、最年長者は31歳[**出典:同上、p. 209**]で、平均年齢は23.65歳だった。彼女たちは2年3カ月前に朝鮮を出ているので、出発時の最年少者は17歳前後になる。この年齢だと彼女だけは一般的に少女になる。これについては、民法の一部を改正する法律（成年年齢関係）（2022年4月1日から施行）があるけれど、民法731条では戦前戦中を含め、女子は満16歳から結婚することができた。さらに、朝鮮総督府警務総監部令第4号　貸座敷娼妓取締規則　1916年3月31日、朝鮮総督府官報1916.3.31（抄）［出典：資料A〈上〉、p. 619-622］が、公娼を17歳以上としていることと、公娼が身分証明書を受けていたことを考慮すると、特段の反証がない限り、彼女の年齢は問題にならない。

連合軍翻訳通訳部局（ATIS）関係文書（調査報告書No.120(1)1945. 11.15）

この調査報告書120号は、日本人戦争捕虜尋問報告書第49号と相関関係にあり、ビルマのミッチーナーにいた慰安所経営者は以下の証言をしている［出典：資料B⑤、p. 105、p. 108-9］。

日本軍における娯楽　Ⅱ－9　慰安所

b　ビルマ

(1)　1944年8月10日に妻及び20名の慰安婦とともに捕虜となった民間人慰安所経営者の証言

・ソウルで食堂を営んでいたが、経営に行き詰まり、慰安婦をビルマに連れて行く許可を軍に申請した。

1名当り300円から1000円を家族に払い、19歳から31歳までの22名の朝鮮人女性を買った。朝鮮軍司令部は輸送、配給等について便宜を図ってくれるよう全ての軍司令部に対し要請する旨の書簡を出してくれた。703人の朝鮮人女性、90人の日本人の集団で1942年7月10日、釜山から出航し8月20日、ラングーンに到着した。ラングーンで20～30名のグループに分けられ、ビルマ各地に配置された。

・ミッチーナーでは自分のを入れて全部で3つの慰安所があり、63名の慰安婦がいた。3か所にはそれぞれ22人の朝鮮人女性、

20人の朝鮮人女性、21人の中国人女性がいた。

・慰安婦は売り上げの半分を受領し、交通費、食費、医療費は無料という条件で雇用されていた。家族への前渡金及び利息を弁済すれば、無料で朝鮮に送り返され自由になると考えられていた。しかし、戦況の影響で自分の慰安所にいた慰安婦は誰も帰国を許されなかった。1943年6月に第15軍司令部は弁済を終えた慰安婦を帰国させる手配をしたが、条件を満たして帰国を希望していた1人の慰安婦は説得されて引き続き現地に留まった。

・自分の慰安所では、慰安婦の平均収入は月当たり300円～1500円であったが、規則で最低150円は経営者に収める事になっていた。

・慰安所は第114歩兵連隊の監督下にあり、通常2名の兵士が利用者の監視のため派遣されてきていた。憲兵も1名慰安所を警備していた。1日の慰安所の利用者数は、兵士・下士官が80～90名、士官が10～15名であった。慰安所内では酒類は自由に販売されていたが、泥酔者が出ないよう憲兵が監視していた。

名乗り出た慰安婦比率

韓国政府に登録された慰安婦数は239人だ[**出典：2017年12月19日付けソウル連合ニュース、www.chosunonline.com、国際 慰安婦、2018年3月12日閲覧**]。朝鮮人慰安婦が20万人だったとすれば、239人は全体の約0.12%でしかなく、数値が低すぎる。一方、推定慰安婦総数6,072人が実態に近く、その中の日本人、中国人、台湾人、東南アジア人などが合計3,682人だった場合、朝鮮人慰安婦数は2,390人となり、10%が名乗り出たことになる。1990年代初め、女性の人権侵害を理由として日本政府を告発できる環境は既に整っていた。彼女たちの過去を隠したい心情や平均余命と日韓関係の捻じれを斟酌しても、10%に対し0.12%は信じがたい。

李容洙（イ・ヨンス）

⑴ 李容洙氏については以下の記事がある［出典：産経新聞12月1日、iRONNA発『慰安婦問題』山岡鉄秀］。

訪韓した米国のトランプ大統領を歓迎する晩餐会の最中、元慰安婦と称する女性がトランプ大統領に抱き着いたことが記憶に新しい。多くの日本人は心底あきれ、苦々しく思ったことだろう。ただ、西洋社会で長く暮らした人なら分かることだが、トランプ氏は元慰安婦を「ハグ」などしていない。失礼にならない程度に受けただけで、むしろ右手で元慰安婦の腕を押さえて距離を取っている。あれはハグとは言わない。

こんな陳腐なことを国家レベルでやってみせるのが真の「韓流」ということらしい。…。

あのトランプ氏に抱き着いた元慰安婦も、証言が頻繁に変わることで知られるが、哀れな存在であることに変わりはない。あのような女性の背後には、満足な教育も受けられないまま親に売られてしまった人も数多く存在した。日本政府に法的責任はなくとも、同情するから何度も謝罪し、お金を払ってきたと説明すべきである。…。

「抱き着き慰安婦」に立腹するのはよい。無理やり「独島エビ」を晩餐会メニューに含めた韓国政府に何を言っても無駄だろう。しかし、大切なことは、トランプ氏をはじめ、第三国のキーパーソンに誤解が生じないように「慰安婦制度とは何だったのか？」を明確な立論を持って説明することである。

⑵ 李容洙氏は2007年米下院公聴会、2015年サンフランシスコ市議会でも証言している。

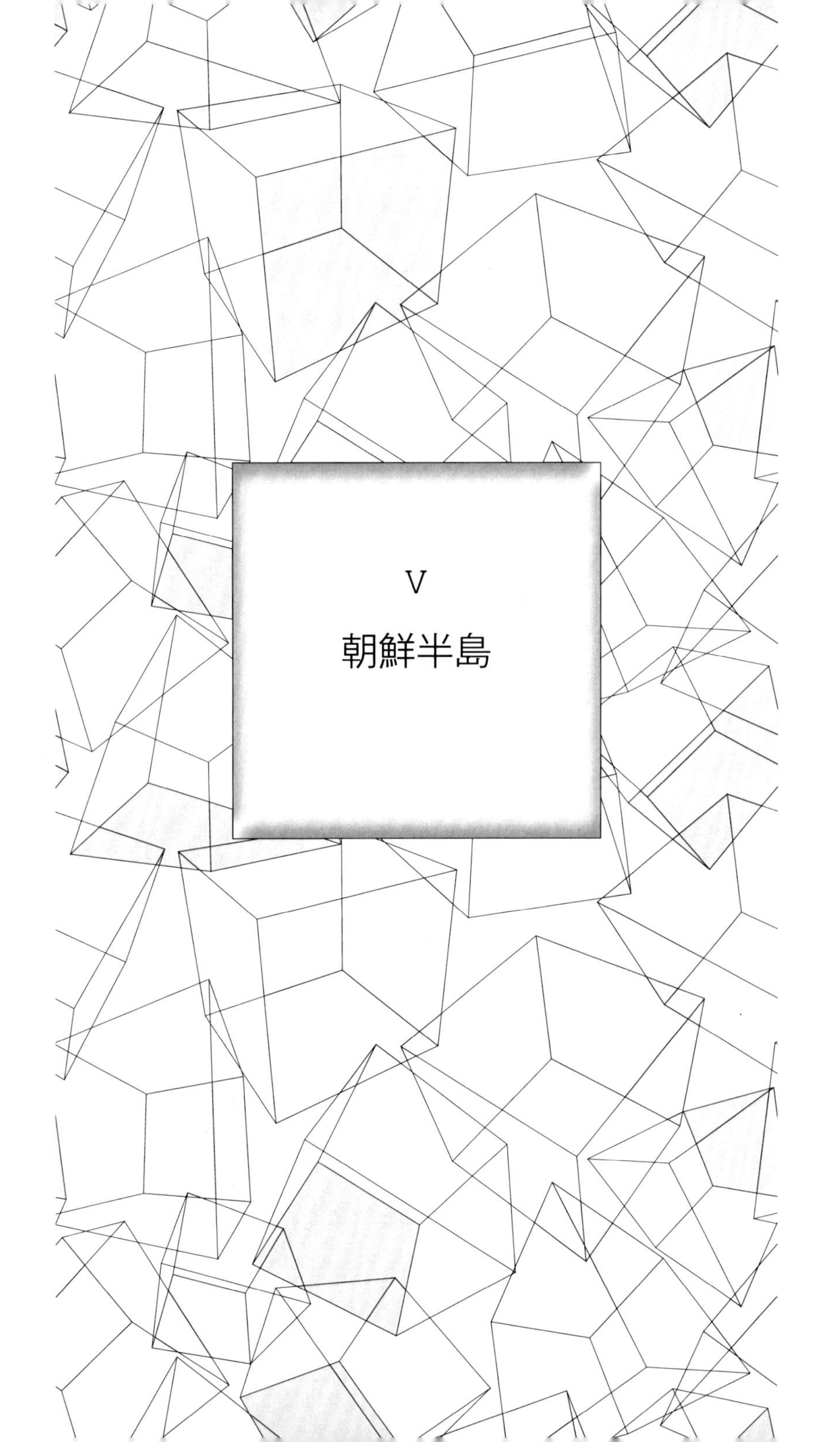

V
朝鮮半島

朝鮮燕行使

(1) 中国の洪武帝が明朝を建国すると、高麗からただちに朝貢使節が派遣され、明と高麗とは冊封関係（＊宗主国と朝貢国との関係）に入り、明朝の礼による統制が始まった。明朝が清朝になっても朝鮮との冊封関係は維持された。朝鮮燕行使とは、かつて朝鮮国王が中国北京に派遣していた事大使節で、明朝と清朝に朝鮮から送られた外交使節のことだ。ただ、燕行使とは資料で出てくる言葉で、学術用語というべきものだ。（＊本来）冬至使、聖節使、進賀使などと使節の目的に応じて一つ一つ呼び換えていた［**出典：夫馬進『朝鮮燕行使と朝鮮通信使』2015年、名古屋大学出版会、p. 49、p. 83、p. 1-2**］。朝鮮朝と明朝間では、定期的なものだけでも毎年ほぼ3回の使節が派遣され、合計1,252回だったようだ。朝鮮朝と清朝間では合計494回の使節が派遣されているが、皇帝が先祖の墓参りなどのために瀋陽へ行っていた時や、朝鮮朝が毎年翌年の暦を取りに行っていたことなどを含めると、950回程度がおよその数値と見積もられる［**出典：同上、p. 4-5**］。（＊事大とは事大主義と使われるように、弱小の者が強大な者に従い事（つか）えることだ［**出典：広辞苑第３版　新村出編**］）

(2) 1895年、日本が日清戦争で清国に勝利し、下関条約を締結した後、朝鮮朝は清朝との冊封関係から離れ、1897年、大韓帝国が成立した。

朝鮮出兵など

(1) 日本の存在が歴史に登場するのは、中国の後漢時代（西暦25～220年）のことだ。後漢初めに成立した『漢書』地理志に、「楽浪海中倭人あり。別れて百余国と為す。歳時を以て来り献見すと云う」と書かれている。ここで触れられている楽浪とは、紀元前108年に朝鮮を攻撃した前漢の武帝が設置した4郡の1つで、他に、臨屯（りんとん）、真番（しんばん）、玄菟（げんと）がある。日本は楽浪と交流していたようだ［**出典：関周一編『日朝関係史』2017年、吉川弘文館、p. 4**］。但し、「古代中国の知見と価値観で読む『倭人伝』解読の新境地」を書いているブロガーは、「献見とは、楽浪郡の行政窓口に貢献物を差し出す程度の意味ではなく、皇帝に接見する朝献・朝見の意味である。ところが、前漢朝の都は洛陽のさらに奥の長安だった。紀元前の弥生中ばの列島倭人が、年季ごとに長安まで使者を送って歴代の皇帝に朝献・朝見することは、時代の成熟度からみて不可能だったはずである」とし、「倭人の島の存在が情報として得られるのは、(＊西暦)57年の倭奴国の朝献以降のことになる」としている[出典：中国人のいう倭と倭人 - 邪馬台国・奇跡の解法、https://blog.goo.ne.jp/dogs_ear/e/b2a87dcc6a49e0117405dc、2019年2月11日閲覧]。尚、同年の朝献で、後漢の光武帝は「漢委奴国王」と刻まれた金印を倭奴国王に贈ったとされ、1784年に福岡県で発見された同印は現在国宝になっている[出典：倭奴国王印、- コトバンク、https://kotobank.jp/word/、ブリタニカ国際大百科事典 小項目事典の解説、2019年2月11日閲覧]。

(2) その後も日本と朝鮮半島と中国との交流は続き、538年又は552年、朝鮮の百済から仏教が日本に伝えられ、大和朝廷に大きな影響を与えることになる。ところが朝鮮半島で百済と新羅が覇権を争い、その結果、百済側の味方をした日本は、唐・新羅連合軍に白村江の戦い(663年)で大敗を喫した。この戦いは日本が朝鮮半島に軍隊を送った最初だったのかと言うと、『日本書紀』には「任那日本府」を設置したと書かれていて、その過程でいくつかの戦いがあり、552年、新羅が大可耶国を滅ぼし、「任那の滅亡」となっている。「日本府」について、吉野誠教授は、「その実態は、安羅に駐屯する近江毛野や、これに付随した倭国の使臣などを指したものとみられ、いずれにしても、長期にわたった植民地支配の機関などではあり得ません」と書いている[出典：吉野誠『東アジア史のなかの日本と朝鮮』2004年、明石書房、p. 69]。

(3) 対馬海峡を挟む大きな戦いと言えば、鎌倉時代の1274年と1281年、学校で習った蒙古襲来があり、中国の元が日本を攻めている。高麗を征服した元は、高麗を媒介にたびたび日本に服属を迫り、幕府が拒否したため、モンゴルと高麗などの連合軍が北九州に来攻した[**出典：元寇とは - コトバンク、ブリタニカ国際大百科事典 小項目事典の解説、https://kotobank.jp/word/、-60419、2019年2月11日閲覧**]。一方、室町時代には倭寇と呼ばれた海賊が朝鮮半島や中国沿岸を荒らし回った[**出典：吉野誠『東アジア史のなかの日本と朝鮮』2004年、明石書房、p. 144-145**]。

(4) 日本と朝鮮および明との平和的な外交関係を突き崩したのが、豊臣秀吉による朝鮮侵略、いわゆる文禄・慶長の役だった[**出典：同上、p. 155**]。秀吉は1592年からと1597年から2度出兵するが、本人が1598年8月18日に死去し、同年11月25日、軍勢は釜山から日本へ撤退した[**出典：同上、p. 155、p. 166-167**]。

朝鮮通信使

(1) 夫馬進教授は朝鮮通信使について以下のように書いている[**出典：夫馬進『朝鮮燕行使と朝鮮通信使』2015年、名古屋大学出版会、p. 1、p. 28-37**]。

> 朝鮮国王が日本の江戸に派遣していた交際使節だ。当時東アジアでは朝鮮も日本も中国の明朝の冊封を受けていたので、敵国抗礼（敵礼）にもとづく対等な交隣関係が成立していた、と言われてきた。一方、朝鮮朝の時代に外交原理として一貫してあったのは、「事大」と「交隣」だった。さらに朝鮮が残した外交資料の『通文館志』は、通信使を「羈縻(はび)のため」と記述している。この羈縻とは暴れまわる馬を縄でつなぎ止めておき、ある程度自由に飛び舞わせながら人間の望む範囲内で規制することだ。では「交隣」だが、これは朝鮮が周辺の小国や小さな民族に対して、「大を以て小に事(つか)える」もので、大国朝鮮は仁の心をもってその下の小国を字(いつく)しむべきだというのが、「交隣」の理念だった。しかも通信使には燕行使にはない製述官と書記という職名を持つ者を特別に設けて

いる。一方、日本側は、通信使を朝貢ないしは服属のために朝鮮から来ていると認識していた。

(2) 両国関係が対等だったかについてはさて置き、日本と朝鮮との交流は豊臣秀吉による2度の朝鮮出兵で途切れた。通信使と称する使節が日本に送られたのは少なくとも高麗時代の1375年まで遡ることができるようだが[出典：同上、p. 37]、通信使の形で両国が交流を再開するのは徳川幕府になってからだ。幕府は国交回復を望み、それを受けて朝鮮は1607年、1617年、1624年に回答兼刷還使を日本に送った。これは朝鮮が日本に対し慎重な態度を持っていたからだ。その後1811年の9回目（＊通算12回目）の訪日が朝鮮通信使としての最期となった[出典：同上、p. 109、p. 35]。

(3) 訪日した通信使たちは、彼らが望まなくても、日本人が次から次へと多数宿舎に訪れた。日本人は彼らの詩文を求め、彼らと筆談することを求めた。それは通信使の側の日記にしばしば見えるとおり、応接に暇なく疲労困憊させるほどのものだった[出典：同上、p. 280]。つまり幕府の意図は別としても、日本の知識人は彼らから多くのことを学ぼうとしていた。

日韓併合

(1) 1876年、日本と李氏朝鮮は日朝通商条規を締結した。これにより日朝は外交関係を結び、釜山に続き元山、仁川が開港された。1984-85年の日清戦争で日本が勝利したこともあり、李氏朝鮮は清王朝による冊封体制（＊宗主国と朝貢国との関係）から脱却し、1897年、国号を大韓帝国とした。しかし朝鮮半島への影響力拡大を企てた日本は、日露戦争後の1905年12月、日本は朝鮮に統監府を設置し、実質的に半島支配を強めていった。そして1910年8月18日、韓国は閣議を開き、「李容植学相だけが条約締結に反対したが、大勢は調印やむなしとした。李完用首相は側近の重臣を説いて調印賛成をとりつけた。8月22日、韓国御前会議も反対の李容植学相欠席のまま開かれ、条約案を承認し、李完用を条約締結の全権委員に任命し、同日、日本と大韓帝国は日韓併合に関する条約を締結した」[出典：中村稔『私の日韓歴史認識』2015年、青土社、p. 133]。条約締結後、朝鮮半島を統治する行政官庁として統監府に代わる朝鮮総督府が設置された。

(2) 1910年までの30数年間、日本を含め列国が朝鮮半島支配を目論んでいた。この状勢に劇的変化をもたらしたのが、日清戦争と1904-05年の日露戦争だった。日露戦争で経済破綻の瀬戸際にあった日本は、アメリカのセオドア・ルーズベルト大統領の斡旋で、ロシアと講和条約（＊ポーツマス条約）を結び、形式的には勝利を収めた。その3年前、日本と大英帝国とは日英同盟を結んでいた。当時アメリカは太平洋へ進出し、1897年にはハワイを併合し、カリブ海などでスペインと戦争し、1898年にはフィリピンを領土としていた。

(3) 日露戦争終結前の1905年7月29日、来日中のウィリアム・タフト陸軍長官は桂太郎首相と会い、秘密裏に「桂・タフト覚書」を交わした。この覚書は、後の「高平・ルート協定」に繋がるもので、日本はアメリカのフィリピン領有を認め、アメリカは日本による韓国保護国化を支持するものだった[出典：岡崎久彦『小村寿太郎とその時代』2003年、PHP研究所、370-371]。この時点でタフトはルーズベルト大統領の承認を得てはいなかったが、後にルーズベルト大統領は、韓国併合について、以下のように述べたようだ[出典：同上、p. 369]。

「韓国は絶対に日本のものである。たしかに条約は韓国が独立を保つべきだと厳粛に約束している。しかし韓国自身は条約の実行に無力である。韓国が自分自身のためにまったくできないことを、どこか他の国が韓国のためにしようと試みるなどと想定するのは問題外である」

(4) 日韓併合が各国にどう伝わったかについては、以下の記述がある[出典:水間正憲著『ひと目でわかる「慰安婦問題」の真実』2014年、PHP研究所、p. 8]。

日本政府は、1910年(明治43年)8月29日、「韓国併合に関する宣言」をドイツ、アメリカ、オーストリア、ハンガリー帝国、ベルギー、清国(中国)、デンマーク、フランス、イギリス、イタリア、ロシアに発し、承認されていた(明治43年8月29日、統監・子爵　寺内正毅)。

(5) 蛇足だが、上記ルーズベルト大統領の発言は、「まさか!」と現代人を驚かせるかもしれない。しかし当時は平和が連呼される状況にはなく、中国大陸は言うまでもなく、トルコを含む中東やバルカン半島やアフリカやカリブ海、フィリピンでも戦争が起きていた。ルーズベルト大統領は棍棒外交(Big Stick Diplomacy)を推し進めていた(＊この棍棒については、現在「飴と鞭」(carrot and stick、ニンジンと棍棒)を使い分けるという文脈で使われることも多い)。彼は自伝の第15章(高潔な平和)で、概略、以下のように述べている[出典:An Autobiography. 1913 By Theodore Roosevelt](＊編纂者による翻訳)。上記(3)との関連でこれを読むと、彼の考え方はそれ程偏ってはいない。

高潔な平和のために働くこと程高尚なことはないし、知恵と勇気とを備え、現実を直視しながらも気高い理想を掲げ、世界中で武器を使う国と国との紛争、階級と階級との確執、人と人とのいがみ合いを終わらせようと努力を続けてきて、心が清く豊かな人たちには、大きな名誉が与えられる。…。その反対側にいる人たちは、国に対し又は人類に対し、悪意の渦巻く見せかけの平和を信奉し、高潔な戦いを避けようとしている。…。言論の自由は我々の基本的な原則で、我々にと同じように外国人にも当てはまることだ。我々が何の制限もなくこの権利を実行するとしても、諸外国が我々に損害を与えないと期待することはできないが、その場合、最終的な手段として、我々が我々の言葉（約束）を行動によって示すことができるなら、話は別だ。外国に対しどんな約束をしても、実行を伴わなければ信用されない。ある人たちは当該国に対し、とにかくできるだけの約束をすればよいではないかと主張し、また他の人たちは、その人たちを横柄な態度で不当に非難している。どちらの人たちが、謹厳で誇り高いアメリカ人全体をより一層誤魔化そうとしているのかを一概に断じることは難しい。唯一間違いない方法は、少しだけ約束し、その少しの約束をすべて実行することだ。ただその時、穏やかに話しながらも太い棍棒を持つことが必要だ。

3.1独立運動

(1) 3.1独立運動は植民地時代の朝鮮で最大の騒動だった。この運動に関し、中村稔弁護士は、趙景達氏の著書『植民地朝鮮と日本』2013年、岩波書店を孫引きしつつ、以下のように書いている［出典：中村稔『私の日韓歴史認識』2015年、青土社、p. 171-174］。（＊語数を減らすため、編纂者が一部編集）

(1.1) それ以前からロシア、中国、アメリカに独立運動家たちの拠点があったが、第1次大戦の終結に先立ち1918年1月、アメリカ大統領ウィルソンが14ヵ条の平和原則を戦後構想として発表した中に、被抑圧民族・国家の独立や自治が謳われていたことが、朝鮮の独立運動家たちに大きな期待を呼び起こした。翌19年2月8日、朝鮮青年独立団、代表崔八鏞以下11名の名により独立宣言書を採択、各国大使・公使館、日本政府、大臣、国会議員などに郵送し、神田の朝鮮YMCA会館で600名ほどに及ぶ学友会が開催され、宣誓書と決議文が朗読された。

(1.2) 一般大衆レベルでは、3.1運動の起爆剤として重要なのは高宗皇帝の死であった。高宗は1919年1月22日、突然に死を迎えた。服毒自殺、毒殺といった風説が伝えられ、…。真偽をめぐっては、今も定説がない。

(1.3) (*天道教、キリスト教、仏教団)3教合同の独立宣言の発表が決まった。…。大事の決行は当初3月3日と決められた、…、のちに1日に変更された。

(1.4) 3月1日、午後2時過ぎ、学生4、5千名と一般民衆だけが(*ソウルの)パゴダ公園に集まり、独立宣言書が朗読された後、一斉に「大韓独立万歳」が高唱され、太極旗(韓国旗)を先頭に市中への万歳示威が始まった。

(1.5) 当時、京城(*ソウル)の人口は25万人程であったが、3日には全国から50万人ほどが押し寄せた。午前8時半からの日本式葬儀、午後1時半からの朝鮮式葬儀が行われた。

(1.6) (*破壊行動を含む示威運動)の結果、多くの犠牲者が出た。虐殺も数多く行われた。…。朝鮮のジャンヌ・ダルクと讃えられる梨花学堂学生の柳寛順は、天安で活動して逮捕され、拷問のためにわずか16歳で獄死した。

(1.7) 上海にいて朝鮮から各種の情報を収集して書かれた朴殷植の記録によれば、死者7509名、負傷者1万5961名、<u>被囚者4万6948</u>名である。

(1.8) 日本側の被害は官憲の死者8名、負傷者158名、破壊された官公署は、警察署・警官駐在所87ヵ所、憲兵駐在所72ヵ所、郡・面事務所77ヵ所、郵便局15ヵ所、その他27ヵ所、合計278ヵ所となっている。

(2) 上記死傷者数や逮捕者数の多さは、朝鮮人と官憲との対立の激しさを象徴する。ところが、各村役場による集計を基にした朝鮮総督府は、朝鮮側死者を561人、負傷者を1,567人としている。そして「この運動の逮捕者に対する裁判の結果は驚くべきもので、内乱罪に匹敵するものであるにも拘わらず、主犯8人が懲役3年で、有罪はわずか38人に過ぎず、死刑は皆無であった。斉藤総督の融和策による結果である」との記述がある［出典：【反論】三・一独立運動の真実¦No! 自虐史観、https://ameblo.jp/hironk2005/entry-10627540852.html、2019年2月15日閲覧］。

(3) 同じく裁判結果については以下の記述もある［出典：三・一運動の真実¦かつて日本は美しかった、https://ameblo.jp/jjtaro/entry-10815239785.html、2019年2月15日閲覧］。

　この三・一運動は花樹里警察官駐在所で日本人の憲兵6人と警察官2名が殺害され、放火などによる役場全壊19、一部破壊29、警察署・警察官駐在所・憲兵分隊・同分遣所・同駐在所については全壊16、一部破壊29、郵便局の全壊2、一部破壊9という暴力行為が行われました。この逮捕者はその年の5月8日には1万2668にのぼりました。そのうち3789人は不起訴となり、約半数ほどが起訴されました。5月20日時点で有罪は3967人でしたが、死刑はゼロ、無期もゼロ、15年以上もゼロ、10年～14年が6名であり、3年以上の禁固刑になったのは有罪となった3967人のうちわずか80名であり、2%です。日本の裁判は公正であり、寛大だったといえます。

(4) さらに実際の死者数に関し、以下の報道がある［出典：三一独立運動当時の韓国人犠牲者名簿を初めて公開！｜…、kankoku-keizai.jp/blog-entry-11293.html、及び〈日帝犠牲者名簿〉韓国外交部「請求権の対象か法的検討」2013年11月20日09時10分［ⓒ中央日報／中央日報日本語版］、http://japanese.joins.com/article/488/178488.html?servcode=A00

§code=A10、2019年2月15日閲覧]。

国家記録院は19日、政府ソウル庁舎で記者説明会を開き、「三一運動時被殺者名簿」(1冊)、…、を公開した。これら名簿は、東京の在日韓国大使館が庁舎を移転する際に見つかった。1952年12月に李承晩大統領の指示を受け、翌年、内務部が全国的(韓国)な調査を実施して作成したものだ。国家記録院は「この名簿は53年4月の第2回韓日会談に活用するために日本に送ったと推定される」と明らかにした。(*53年は1953年)

三一独立運動の名簿には犠牲者630人の名前と年齢、住所、殉国日時と場所、状況などが具体的に記録されている。朴殷植先生が1920年に著述した『韓国独立運動之血史』では、三一運動で殺害された人を7509人と記録しているが、三一運動で殉国して独立有功者と認められた人は391人にすぎない。

(5) 3.1独立運動100周年となる2019年3月1日を前に、新たな死者数が下記のように報道された[出典:朝鮮日報/朝鮮日報日本語版　記事入力:2019/02/21 11:02、キム・ソンヒョン記者、2019年2月22日閲覧]。

三・一節:国史編さん委が初の公式集計「運動参加者103万人・死者934人」

韓国の国史編さん委員会は20日、1919年3月1日に起きた日本からの独立運動である三・一運動の当時、80~103万人がデモに参加し、725~934人が死亡したとする集計を明らかにした。日帝(日本帝国主義)による既存資料に基づくデモ参加者数58万人、死者553人を最大で1.7倍上回る数値だ。

(6) 上記(1.6)には柳寛順が拷問により獄死したとある。彼女の出自に関しては諸説があり、「柳寛順への日本の蛮行、誇張多い」という意見も出されている。この意見を発表したのは2002年まで4年間、柳寛順研究に没頭してきた郷土史家の任明淳氏で、「柳寛順烈士について誤って理解されている点を正してみたかったのです」と述べている。梨花学堂時代、柳寛順の級友だった元僧侶の証言では、柳寛順が亡くなった20日後に遺体を受け取った時、四肢は切断されていなかったようだ[出典：2002年02月26日21時21分、[ⓒ中央日報/中央日報日本語版]、2019年3月24日閲覧]。

(7) 2019年3月1日、韓国の文在寅大統領は政府主催の記念式典で演説した[出典：〈三・一運動記念式の文大統領演説全文〉3/1（金）13:36配信 聯合ニュース、2019年3月1日閲覧]。その中で、同大統領は、1919年に起きた「三・一運動では、約7500人の朝鮮人が殺害された」と言い、日本との関係については、「南北関係の発展が朝米関係の正常化と朝日（日朝）関係の正常化につながり、北東アジアの新たな平和安保秩序も拡張されます」、「朝鮮半島平和のために日本との協力も強化します。過去は変えられませんが、未来は変えることができます。歴史を鑑として韓国と日本が固く手を握る時、平和の時代がわれわれに近付くでしょう」と述べている。

(8) 上記（1.1）で登場したアメリカ大統領ウィルソンについて補足する。1919年、第1次世界大戦の後始末を策するパリ講和会議が開かれた。同年2月13日、国際連盟規約草案検討委員会第10回会合で、日本の牧野伸顕全権委員は、連盟規約案の第21条に人種差別撤廃の項目を入れるように提案した。この時は規約第21条自体が成文化されなかった。4月11日、規約草案検討委員会最終回会合で、日本は、規約前文に人種差別撤廃の理念を掲げることを提案した。同提案は11対5の圧倒的多数で支持された。ところが議長のウィルソン大統領は、「かかる重大要件には全会一致が必要だ、との不意の規則変更を持ち出してこの票決を無効にしてしまった」[出典：産経新聞、2019年2月25日、正論、『人種差別撤廃提案の記憶と現在』小堀桂一朗]。尚、国際連盟規約を含むヴェルサイユ講和条約の批准は、彼の努力にも拘らず、アメリカ上院で否決されている[出典：外務省外交史料館日本外交史辞典編纂委員会編『新版日本外交史辞典』1992年、山川出版社、p. 68]。

朝鮮戦争

朝鮮戦争は、以下のように説明されている[出典:「朝鮮戦争 - 世界史の窓」、y-history.net/appendix/wh1602-001.html、2019年2月11日閲覧]。第5補給品を参照。

> 朝鮮は1945年8月15日、日本の植民地支配から解放されたが、東西冷戦が進行する中で、南北に分断されてしまった。1948年に北には朝鮮民主主義人民共和国、南には大韓民国という別個の国家が成立し、北は社会主義体制をとり、南は資本主義体制をとるという二陣営が直接対立する場となった朝鮮半島で、1950年6月についに戦争が勃発した。南北いずれが先に仕掛けたが、議論があったが、現在は北朝鮮の金日成が、中国革命に続いて朝鮮半島でも社会主義による統一国家の建設を目指し、武力統一をはかったものと考えられている。北朝鮮軍の侵攻に対して、韓国軍を「国連軍」の軍旗を掲げたアメリカ軍が直接支援し、さらには後半には中華人民共和国から義勇兵が北側に参戦し、内戦にとどまらない国際的な戦争となった。両軍は、第二次世界大戦後のもっとも深刻な戦闘を繰り返したが勝敗がつかず、1953年に北緯38度線で両軍が対峙したまま休戦協定が成立した。現在に至るまで完全な和平には至っていないのであり、東アジア情勢の最大の不安定要因となっている。

親日派財産没収法

(1) 2005年、韓国は親日派財産没収法を制定した。これはいわゆる事後法と呼ばれ、実行の時には適法であった行為に対して、後になって刑事責任を問うことを定める法令。日本国憲法第39条はこれを禁止している[出典：事後法（ジゴホウ）とは - コトバンク、https://kotobank.jp/word/、2019年1月22日閲覧]。

(2) 韓国も憲法第13条の「遡及立法禁止の原則」で事後法を禁じているが、親日反民族行為者財産の国家帰属に関する特別法は、2005年29日に公布された。大統領直属の国家機関として親日反民族行為者財産調査委員会を設置し親日であった反民族行為者の財産を選定して国家に帰属することとしている。2009年8月9日、親日反民族行為者財産調査委員会によれば、韓国政府に帰属決定がされた親日派の子孫の土地は2009年7月現在で774万4千余平方メートル（時価1571億ウォン）（＊約150億円）となっており、この中で法的な手続きが終わり、帰属が確定した土地は全体の9.5%（73万3千余平方メートル）、残りは訴訟中である[出典：親日反民族行為者財産の国家帰属に関する特別法 …、https://ja.wikipedia.org/wiki/、2019年1月22日閲覧]。

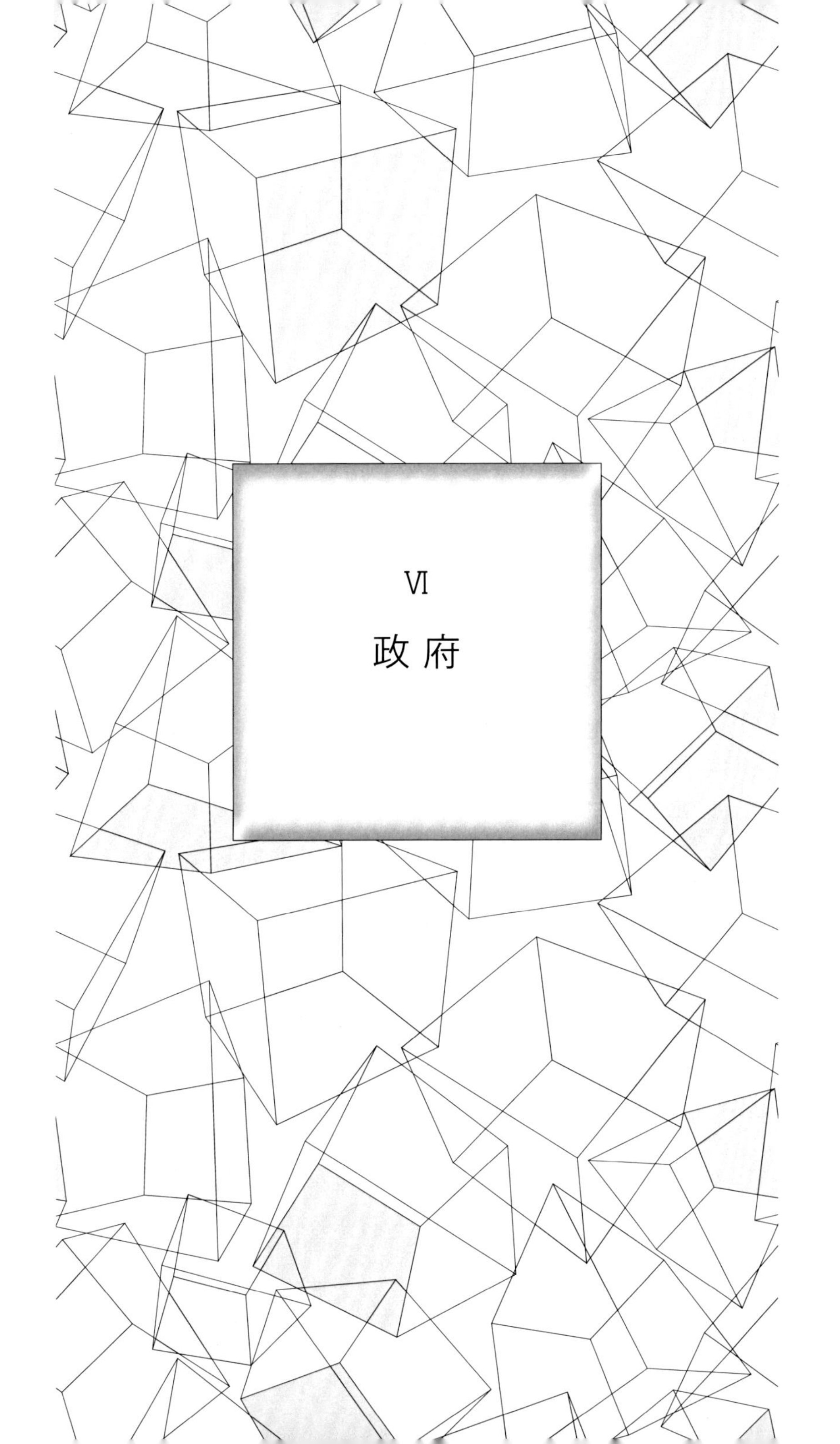

Ⅵ 政府

日韓基本条約

(1) 日韓基本条約は以下のように説明されている [出典：日韓基本条約とは - コトバ …https://kotobank.jp/word/、ブリタニカ国際大百科事典 小項目事典の解説、2019年1月21日閲覧]。

1965年6月22日に日本と大韓民国（韓国）との間で署名された両国の関係正常化に関する条約。正式名称は「日本国と大韓民国との間の基本関係に関する条約」。日韓の国交正常化交渉は1952年2月に始まり，その後何度も中断したが，朝鮮半島情勢を懸念するアメリカ合衆国の働きかけもあり交渉開始14年目に結実した。基本条約の骨子は

①日韓の外交および領事関係の開設，

② 1910年8月22日以前に二国間で締結された条約や協定の無効化（→日韓併合条約），

③ 1948年の国連総会決議第195号（III）に基づき，韓国政府を朝鮮唯一の合法的政府とすることの確認，

④相互関係における国連憲章の原則の尊重，

⑤両国間の貿易，海運，通商などに関する協定の締結，

⑥両国間の航空協定の締結などである。

なお基本条約と同時に，請求権・経済協力協定（→請求権），在日韓国人の法的地位協定，漁業協定（→日韓漁業協定），文化財・文化協定，紛争解決交換公文，民間信用供与交換公文などが調印された。

(2) この条約は日本文と韓国文及び英文で作成され、日韓共にその内容を確認しているはずだが、過去の条約に触れている第2条の解釈には齟齬があると言われている [出典：日本国と大韓民国との間の基本関係に関する条約、https://ja.wikipedia.org/wiki/、2018年12月13日閲覧]。

第二条：千九百十年八月二十二日以前に大日本帝国と大韓帝国との間で締結されたすべての条約及び協定は、もはや無効であることが確認される。

Article II: It is confirmed that all treaties or agreements concluded between the Empire of Japan and the Empire of Korea on or before August 22, 1910 are already null and void.

旧条約無効問題

本条約は締結されたとは言え、これ以前に締約された日韓併合条約や協定に対する「もはや無効であることが確認される」という条文に対して日韓両国の解釈が異なるなど、歴史認識論議が絶えない。

韓国側は、本条約の締結により「過去の条約や協定は、(当時から)既に無効であることが確認される」という解釈をしているのに対し、日本側は本条約の締結により「過去の条約や協定は、(現時点から)無効になると確認される」という解釈をしている。これは、特に韓国併合に対して、韓国側は「そもそも日韓併合条約は無効であった」という立場であるのに対し、日本側は「併合自体は合法的な手続きによって行われ、併合に関する条約は有効であった(よって、本条約を持って無効化された)」という立場をとるという意味である。これは、韓国側が主張した"null and void" 無効)に already を加えて"already null and void"(もはや無効)とし、双方の歴史認識からの解釈を可能にしたもので、事実上問題の先送りであった。

河野談話

(1) 1993年8月4日、日本政府は特段の新資料がないまま、第2次調査結果を公表し、これを受けた河野洋平内閣官房長官が同日談話を発表した［出典：外務省ホームページ、河野談話、2019年2月6日閲覧］。

いわゆる従軍慰安婦問題については、政府は、一昨年12月より、調査を進めて来たが、今般その結果がまとまったので発表することとした。

今次調査の結果、長期に、かつ広範な地域にわたって慰安所が設置され、数多くの慰安婦が存在したことが認められた。慰安所は、当時の軍当局の要請により設営されたものであり、慰安所の設置、管理及び慰安婦の移送については、旧日本軍が直接あるいは間接にこれに関与した。慰安婦の募集については、軍の要請を受けた業者が主としてこれに当たったが、その場合も、甘言、強圧による等、本人たちの意思に反して集められた事例が数多くあり、さらに、官憲等が直接これに加担したこともあったことが明らかになった。また、慰安所における生活は、強制的な状況の下での痛ましいものであった。

なお、戦地に移送された慰安婦の出身地については、日本を別とすれば、朝鮮半島が大きな比重を占めていたが、当時の朝鮮半島は我が国の統治下にあり、その募集、移送、管理等も、甘言、強圧による等、総じて本人たちの意思に反して行われた。

いずれにしても、本件は、当時の軍の関与の下に、多数の女性の名誉と尊厳を深く傷つけた問題である。政府は、この機会に、改めて、その出身地のいかんを問わず、いわゆる従軍慰安婦として数多の苦痛を経験され、心身にわたり癒しがたい傷を負われたすべての方々に対し心からお詫びと反省の気持ちを申し上げる。また、そのような気持ちを我が国としてどのように表すかということについては、有識者のご意見なども徴しつつ、今後とも真剣に検討すべきものと考える。

われわれはこのような歴史の真実を回避することなく、むしろこれを歴史の教訓として直視していきたい。われわれは、歴史研究、歴史教育を通じて、このような問題を永く記憶にとどめ、同じ過ちを決して繰り返さないという固い決意を改めて表明する。

なお、本問題については、本邦において訴訟が提起されており、また、国際的にも関心が寄せられており、政府としても、今後とも、民間の研究を含め、十分に関心を払って参りたい。

(2) この河野談話を読むと、慰安所設置と運営のすべてに軍が直接関与していたとは言えない。しかしその内容は、日本政府が慰安婦問題について責任があることを事実上明らかにした、と一般的に解釈された。下線部については、**オランダ人とスマラン事件と岡田少佐**を参照。

オランダ人女性とスマラン事件と岡田少佐

(1) スマラン事件

編纂者は、河野談話中の「官憲等が直接これに加担した」事例を検索し、スマラン事件が非常に悪質だったと思い込み、当初、以下のような説明をした［出典：ウィキペディア『スマラン慰安所事件』、https://ja.wikipedia.org/wiki/、2017年9月9日閲覧、及び、ジャン・ラフ・オハーン－Wikipedia、https://ja.wikipedia.org/wiki/、2019年2月2日閲覧］。

①オランダ領東インドで軍令を無視した一部将校がオランダ人女性を強制的に慰安婦にした。同地での軍事裁判の報告を調査した吉見義明によれば、当時…複数の将校と慰安所業者は、…、抑留所から17歳から28歳の合計35人のオランダ人女性を強制的に集め、…、日本語で書いた趣旨書への署名を強制した後、スマランの4つの慰安所に連行した。3月1日から営業を始め、女性達は毎日強姦された。給料は払われず、暴行され（＊た）。終戦後の1948年、バタビア臨時軍法会議でBC級戦犯として11人が有罪とされた。罪名は強制連行、強制売春（婦女子強制売淫）、強姦である。…。責任者である岡田慶治陸軍少佐には死刑が宣告された。また、中心的役割をはたしたと目される大久保朝雄陸軍大佐は戦後、日本に帰っていたが軍法会議終了前の1947年に自殺した。裁

判では、<u>慰安婦にされた35人のうち25名が強制だったと認定された</u>。

②スマラン事件で被害者の1人だったジャン・ラフ・オハーン（Jan O' Herne）については、以下のように説明されている。

オハーンは、夫以外の家族にも自身の体験を話せずにいたが、1992年の初め頃、テレビで韓国の元「慰安婦」の窮状を見て、彼女たちに味方し、支援しなければならないと考え、沈黙を破る決心をして、被害体験の詳細を記したノートを娘たちに見せ、手記を公表している。

（＊彼女は）2007年2月15日には、米国下院公聴会に出席し、マイク・ホンダ提案の慰安婦法案に関連して、元「慰安婦」として李容洙、金君子らと共に証言した。オハーン氏が証言したスマラン事件は日本軍が恥じるべき蛮行だった。

③上記②のマイク・ホンダ氏は日系人だ。彼が提案したことについて、日系なのに祖国が犯した過ちを咎めることで、下院議員は彼を気骨のある人物だと評価しているのかもしれない。なぜなら、編纂者がかつて米海軍横須賀基地に勤めていた時、ある会議があった。そこで問題となった案件について、問われてもいないのに手を挙げ、その件は編纂者が過ちを犯したと言った。皆が驚いた表情をした。会議の後、1人の参加者が、「黙っていれば良かったのに」と呆れた顔で言ったものだ。

(2)　ところが、田中秀雄編『スマラン事件の真実』（2018年、芙蓉書房出版）は、<u>上記裁判結果とは異なる状況に光を当てている</u>。同書は、1948年3月23日以降、11月25日まで岡田少佐が書き残した『青春日記』及び『青壮日記』2冊の約3分の1を転記したものだ。彼は紙を節約するため、1カ所も改行せず、B5判用紙表裏に2段でびっしりと綴った。この約50万語にもなる自伝で、彼は自分を小方という仮名にしている［出典：同上、p. 243、p. 263、p. 1、p. 262］。同日記を読むと、この仮名には「小さい方」という岡田の反骨精神が表されているような気がする。

(3) 銃殺刑にされた岡田少佐が懇意にしていたオランダ人、L・F嬢（道子）は、バタビア裁判で以下の証言を残している［出典：「バタビア裁判における慰安所関係事件開示資料筆耕」、筆耕＆注：須磨 明、2014年6月18日、原資料：国立公文書館所蔵の「法務省／平成11年度／4B-23-4915」及び「法務省／平成11年度／4B-23-4956」、https://drive.google.com/file/d/0Bwb7N7Wve2RRNnNlZkNaSlByOEE/edit、2019年2月6日閲覧］。

L・F嬢（道子）：

私はアンバラワ第6キャンプに抑留されていたが、44年2月20日頃約5名の日本人がキャンプに来て（中に石田中尉あり）、18-20歳位の婦人を呼び出し、馬来語で年齢、其の他を訊ねた。さうして鉛筆で名簿に何か印をつけた。我々の会長が慰安所にでも入れるのではないかと訊ねると、彼等は「日本人はそんな残忍な人間ではない。和蘭人は直ぐにそんなことを考へてはいけない」と答へた。それから数日後30名許の婦人が又集められ、頭のさきから爪先まで調べられたが、その時にも目的は知らされなかった。

2月26日にはスマランの将校クラブへ連れて行かれた。そこで蔦木から夫々一部屋へ入れられた。将校クラブへ連行せらるる前に我々は日本語で印刷された紙が署名をする様に出された。何が書いてあるのか私には判らないので、訊ねると、「署名さへすれば良いのだ」とガミガミ云はれた。後で聞いたところでは之は我々が慰安所で働くと云ふ「自由意志宣誓書」であったさうである。

2月29日の朝、岡田少佐、中島軍医と通訳が現れて、皆を集め、皆は日本人の慰安婦となる為にスマランに連れて来られたのであるが、不服のものは立せと云はれた。8名の中、私を含め5名が立った。岡田は我々に不服でも強制する。我々の両親は監禁し、飢えさせ、海の中へ放り込むと云った。それでも我々は拒んだので、各人は部屋に閉込まれた。

その晩9時頃岡田は各将校に一名づつ我々を指定した。彼自身には私を選んだ。岡田はマレー語で、寝室へ行けと云ったので、私は行くと、彼は後について来た。約3分間位彼と話をした後、彼は私にベッドに寝ろと云ったので、私は之を拒むと、彼は私の両肩を掴み、私をベッドに押し倒した。私も劇しく抵抗したが、彼が私を寝台の上に投げ出すのを防げなかった。

その性交中私は彼の顔面に喰付いてやったら、彼は平手で私の顔を殴った。約45分の後岡田は私を室に残したまま出て行って終った。私は岡田に性交を強制さるる以前には、何人とも斯かる経験はなかった。…。岡田は略々定期的に一週間に一、二度私の処に通って来た。約一週間後、岡田は私や他の者を呼び集め、最早抵抗することは止めよ、さもないと、もっと酷ひ慰安所に廻して終ふと云った。

石田は私や他の人に私達を入れたのは決して、彼の意志ではない、之は岡田から協力を強制されたのであると語っていた。

斯くして我々は4月25日か26日迄毎日同じやうな生活を続けさせられたが、5日間働いては1日の休日があり、又月経期間中は休むことが出来た。

私は肉体的には何の害も蒙らなかったが、精神的には閉鎖後相当の長期間酷い衝撃と侮辱感を拭ひ去ることが出来ない。

(4) 岡田少佐は、L・F嬢(道子)との関係を含み、スマラン事件に関し、以下のような記述をしている[**出典:田中秀雄編『スマラン事件の真実』2018年、芙蓉書房出版**](*語数を減らすために編纂者が一部を編集し、ページ番号を付記した)。

(4.1)　スマラン到着後

(＊能崎隊長と)高級将校だけの会食となり、「今度、州庁では抑留夫人のうちの希望者を募って慰安所を開くという事を耳にした。…。駅で宮野長官に話したのだ。一度抑留所の斎藤少将と軍政官に話してきてくれとの事だったので、…、斎藤少将と総務部長に話した所、書類で申請してくれとの事だった。…。池田君、高橋とよく相談してみてくれ」と隊長が言った。p. 106

1月末か2月初め、隊長は大久保中佐、小方少佐、高橋少佐を招き(＊内地に出張する池田中佐のために)壮行の会食をやった。席上、隊長は池田中佐に慰安所の事を軍に申請してくれと言い、大久保中佐が佐藤参謀は小方と旧知の間なので、池田中佐と一緒に行って申請をし(＊てくれと言った)。p. 107-108

翌日昼過ぎの汽車で出発し、池田中佐が「明日俺は忙しいから、君例の件は佐藤参謀に話してくれ」と小方に書類を渡した。p. 108

(＊書類提出後、バンドンで松原曹長と欧州人の慰安所を見て、兵站部で慰安所の事を聞き、4日後スマランに帰り着くと)能崎隊長の所へ報告に行った。「必ず希望者に限る事、(＊州庁が)近く書類を送って寄越す事」を報告した。(＊隊長に言われ)高橋少佐に詳しく話した。p. 109

2月25、26日頃、(＊高橋少佐からの電話でカナリーランへ行くように頼まれ)小方が到着すると、10数名の婦人が集まっていた。彼女達は小方を見ると、一斉に空腹を訴えた。小方は森本に、将校倶楽部に行って、食餌を作って来てやるように命じた。婦人たちは子供達と共に大喜びで食っていた。小方はそれを見て噂の給養が悪いことはほんとだったのだと思った。この婦人たちは悪い給養に居たゝまらず、慰安婦を希望したのだと気の毒にもなってきた。

州庁の役人が婦人達を表の部屋に呼び集め、マレー語で何かしきりに説明を始めた。婦人たちは黙って聞いていた。話が終わると婦人たちは1枚ずつ紙を渡され、鉛筆や万年筆を借りたりしてサインした。…。小方はそれを見たが、左にマレー語で右に日本語で慰安所で働くことを承諾すという承諾書であった。p. 111

小方は1号室秀子、2号室文子、3号室道子、4号室米子、5号室糸子、6号室睦子、7号室奈奈子、8号室八重子と名をつけてやった。p. 113

夕食後大久保中佐の官舎に麻雀をしに行って、「今日婦人が来たこと、居住、食事、大満足のようです」と報告した。p. 113

翌朝小方は本部に出かける途中に寄ると、文子や道子が「本を貸してくれ」とせがんだ。…。あちこちでオランダ語の本を14、15冊集め、…、これを持って行くと、皆大喜びでこの書物を分け合って、さっそく読み始めていた。「今迄本もなかったのか」可哀想に思った。p. 114

3日目も帰りに寄った。婦人達の姿が見えない。葛木に聞くと、「昨夕卓球の道具を買ってやったので、皆でやっているのでしょう」とのこと。2軒目の家の広間に婦人たちは皆集まってピンポンをやって騒いでいた。(*誘われた)小方はやりだした。誰も小方には勝てなかった。道子が少し上手で、「今度こそは」と顔を赤くしてやったが駄目だった。婦人達は小方にはもう何でも言っていた。(*食事は)「うまいです」(「パンが欲しい」「珈琲が欲しい」いろいろ言った。小方は葛木に出来るだけ親切にしてやれと言っておいた。p. 114

(*3月1日に開業となり)小方は29日の夕方、通訳を連れて倶楽部に行き、婦人たちを集めて倶楽部の説明をした。お客は皆将校である事、酒を飲んでいる客は入れぬ事、体の悪い者は休んでよい事、客と話が出来たら婦人が金を受け取って事務所でチケットを買う事、嫌な時は断っていい事、休む者は事務所の名札を赤にして置く事、衛生に注意して病気しない事等であった。年長者の秀子が「必ずサックを使うようにしてくれ」と言った。「よろし

い、承知した。では軍医に1度診察させるから。今夜は前祝いにご馳走しよう」と言った。p. 114-115

（＊8人の将校と8人の慰安婦との会食が始まり）睦子と糸子が「日本の将校は酒を飲まないのか」と尋ね、「自分たちも長いこと飲んでいないので飲みたい」（＊と言い）、「ここの規定では酒は持って来られない」（＊と述べたが）、ブランデー1本とビール5、6本を持って来させた。（＊皆が飲み）一層賑やかになった。…。果物も出て会食も終わりに近づいて、各人の交渉も成立した様子を見て取った小方は「ではこれで解散」と言った。p. 116

小方の側にはさっきから道子が座っていた。二人連れで出ていく人々を見送って互いに顔を見合わせて微笑んで、暗黙の間に了解は成立していた。二人は道子の部屋に入った。…。彼女はタオルをもって電灯に覆いをしようとしたが、手が届かないので小方は椅子を持ってやった。室内がほの暗くなった。彼女が小方に裸になれと言う。…。彼の手を取って寝台に上がった。…。小方は唇を押し当てた。道子はジッとしていた。…。枕の下からサックを取り出し、装着し終えると又寝た。p. 116-117

（＊彼の腕時計が道子の机の上に置かれていて）道子が（＊その時計）を持ってきて「私の父の時計も同じ型です」と言い、小さな写真立てを持ってきた。「これお父さんよ」「立派なお父さんだね」…。小方は紙幣を1枚彼女にやった。「有難う」彼女は受け取って表や裏の絵を見ていた。p. 117

（＊開業から）4、5日して、婦人達の意見だと言って、秀子が「食堂の方も自分達で受け持ちたい。今の混血娘をやめさせてくれ」と申し出て来た。小生はこの意見を採用してやった。高橋少佐の送別会の時、初めて彼女達を食堂に出して給仕させた。（＊食堂で）始めは恥ずかしそうにしていたが、慣れて朗らかにやっていた。…。彼女達が女主人であるかのように見えた。昼はテニスをやったり、ピアノを弾いたり、玉を撞いたり、小方は皆許可して

やった。p. 118

この頃食堂で巻寿司を作っていた。道子は「美味しい」(＊と言い)、文子や八重子を呼んできた。その後は小方が寄る度に巻寿司をせがまれた。小方が顔を出すと、他の婦人が必ず道子を呼んだ。道子は少々顔を赤らめて出て来ては何かと世話をやいていた。小方もああ可愛い女だと思って、時々泊まっていた。彼女は段々親切さを増してきた。p. 118-119

そのうち小方達はジャングル戦の訓練のため、ボジャの森林に泊まりがけの演習に出かけた。3月終わりか4月初め、佐藤参謀(＊を連れて倶楽部へ行った)。道子、文子、八重子たちが集まって賑やかになった。「おい小方、ここは良いなあ。婦人達も朗らかだね。巧くいっているんだな」「はい、彼女たちはとても朗らかですよ、…」。結局米子と話が付いて、彼女がいそいそと彼の上着を持って部屋に帰った。隣が米子の部屋で時々2人の笑い声が聞こえていた。翌朝小方はこの事を池田中佐と隊長に報告した。「ご苦労じゃった。よかったのう」と言われた。p. 119-120

(4.2)　復員後

岡田は1946年3月末に復員し、5年振りに長崎県大村に帰り、妻の久子や娘の順子と弘子、母と再会した、p. 194、196。岡田は一度郷里の広島県福山に戻り、6月初め大村に帰った、p. 202。東京の復員局の友だちから就職の世話をするという連絡があり、上京したが、考えた末大村に戻った岡田は、10月7日頃から貝を扱う商売を始めた、p. 207-209。1947年旧正月頃、岡田は警察に連れて行かれ、マッカーサー司令部の指令を見せられた。その後刑事2人に付き添われ東京へ行き、「何か慰安所の事らしいですよ。中島さんと葛木さんが先日向こうに行かれました」と言われ、「慰安所……あれか。何だ、大したことじゃないじゃないか」と考えた。そして巣鴨に収監された、p. 220, p. 226。8月1日に出港し、岡田はチビナンの刑務所に収監された、p. 233-234。

(4.3) バタビア裁判

(4.3.1) 収監後1週間してから取り調べが始まり、岡田は取り調べについて以下のように書いている。

誘導尋問で何か引き出そうとするが、小方は知っていることは正直に話したが、知らないことは飽くまで知らぬと突っぱねた。「これはどうもおかしいぞ。俺が死んだものと見て、色々俺にかぶせているな」。p. 235

大久保中佐の遺書も出た。「皆何という腑抜けだろう。これでは全く事件が輪に輪をかけられている。猫の絵を…、一匹の虎を仕立てている」p. 235-236

小方は将校倶楽部の婦人達をよくかわいがってやった心算である。あんなにしてあるから、まさか彼女が色々せんだろうくらいに考えていた。その御本尊さんが告訴している。それも嘘八百を並べている。時世が変わったので我々に協力していたことになっては彼女達の立場がないので、こんなことをいっているのだろう。「今はもう又何をか言わんや」である。2日目の午後、小方は死刑囚の独房に移された。p. 236

小方が（＊雑居房に）移った時、鮮人の大山という男がいた。工場の壁の所で小方が本を読んでいると、彼が来て並んで腰を下ろした。日本人なら日本に殉じてもいいが、この鮮人は気の毒でならない。「日本のために働いて貰ってその結果、これでは全くお気の毒ですね」「いいえ、私は日本人として御奉公しました。日本人として死んでゆければ本望です」何という言い方だろう。小方は目頭が熱くなった。「そうまで言ってくれるのですか。有難いことです。日本人の１人として感謝します」p. 236

小方は１週間くらいして又取り調べがあり調書にサインした。オランダはこの事件を大袈裟に宣伝した手前、真相は或はわかっても今のまま押し通すだろう。小方はそれでは余りにも国と皇軍に不名誉だ、どんなことがあっても闘うぞと腹を決めた。成否は問題ではない。これが国と皇軍に対する最後の御奉公であると思った。p. 237

11月に一部の者が釈放され、彼の部屋からも帰国する者が出た。小方は内地のことを話して「働けば必ず食える」と励ましてやった。p. 239

(4.3.2) 1948年1月26日から公判が始まり、3月23日、皆と一緒に公判廷に連れ出された岡田は、求刑通り死刑を言い渡された。古谷が20年に減刑されたので、「良かった、良かった」と書いている。p. 243

(4.3.3) 岡田の日記は1948年11月25日で終わり、彼は2首を遺している。享年38歳。

――道楽も三人分の男かな――

――戦友と共に唄わん再建譜――

三人分とは、満州での自動車事故で命を失い掛けた時までと、敗戦までの戦いの時と、敗戦後から収監までの時のことかもしれない。この2首を読むと、編纂者は、29歳で処刑された吉田松陰の2首を思い浮かべる。

――身はたとい武蔵野野辺に朽ちるとも留め置かまし大和魂――

――かくすればかくなるものと知りながら已むに已まれぬ大和魂――

(4.4) 岡田少佐の法廷証言

この裁判については上記(3)で触れた筆耕資料がある。全体で145ページ、約17万語の中から、岡田などに関連する部分を以下に抜き出した(*原文の旧仮名遣いを残しつつも、カタカナを平仮名に直し、語数を減らすため編纂者が一部を編集)。他の被告の証言と比較すると、彼は終始一貫自分が見聞きしたことだけを述べたようだ。彼が実際オランダ人女性を強制的に慰安婦にしたのかどうか、死刑判決が妥当なものだったのかどうかは、日記と証言を読めば分かってくる。

5.「慰安所設立の案は何人に依り出されたるや？」

余は1944年2月始めて本計画を能崎少将より聞けり。…。池田大佐、大久保中佐、高橋少佐の居る席上にて聞ける、…。4ヵ所：1は将校用、2は軍属用、他の1は邦人用。能崎少将は既に「バタビア」の第16軍司令部より口頭に依る許可を得ありと語り、余が「バタビア」に行きて、口頭の許可を書式を以てする確認せしむべき件が決められたり。

6.「貴下は本問題に於て如何なる役割を演ぜしや？」

能崎少将は本業務を経理部主任たりし池田大佐に命じありたり。…。44年2月始め頃、…、池田大佐と共に「バタビア」に行き、池田は多忙たりし為、余に本件の交渉を命じたり。余は十六軍司令部の参謀の一人「佐藤少佐」と話を行ひたり。

「スマラン」帰着後、余も「将校クラブ」に対する総監督を命ぜられ、…。之等婦女子が如何なる方法にて募集せられたるやは知らず。余は婦女子を探す為に抑留所に行きたることなし。余が石田大尉及福沢中尉に対し命じたることは憶えなきも、斯かることはなきにしもあらず。然し、彼等が斯かる命を池田大佐が東京へ行く前に彼より受けたることはあり得べし。

余は開設問題に関し軍政当局と話合ひをしたることなし。石田が斯く述べありとせば、之は間違ひなり。余は何人が之等婦女の自発的なりや否やを検せしやは知らず。斯かる検査が警察官或は憲兵に依り行はれたりや否やも知らず。私見に依れば、之は宮野州長官の部下に依り行はれたり。石田は当時の部下の一員たり。石田が州庁の一官吏と共に婦女連出しの為抑留所（複数）へ行きたることは余は知りあり。「志望者のみが募集し得」と云ふことは余も石田も承知しゐたり。

之等婦人が州庁の官吏に依り「カナリーラーン」の「ホテル」に集められたる後、余は、8人を余の監督下にありし「将校クラブ」用として選定せり。余は之等30-40名の婦人が将来の運命に対して神経過敏或は恐怖の状態にありしことは記憶にあらず。

之等婦人は既にこれ以前「カナリーラーン」に於て自発的に慰安所にて働くと云ふ証書に署名せり。此の証書は余の記憶では日本語と馬来語にて書かれありたり。又之等書類は婦人達に署名の為州庁の官吏（名は知らず）に依り読み聞せられたり。余もその席に居たるも、何等の干渉も行はざりき。余は又署名することに異議を唱へたる婦人達が居たことも見ざりき。此の時には強制は行はれざりき。

開設当夜余は招待せる（＊7名の）将校を各部屋に一名づつ割当てしも、之等各部屋には夫々一名づつの婦人が性交を行ふ為に居りたり。余自身も亦その時一名の婦人を選びて、此の娘と性交を遂げたるも、余は彼女がL.Fなるや否やも知らず。此の娘は何等抵抗せず、余に咬みつきたり、或は余を殴りしこともなし。余も亦彼女を殴りたり虐待せる憶えなし。総ては円滑に運びたり。彼女の述べあることは嘘言なり。余は決して彼女を抵抗を止めざれば、両親又は家族を酷き目に遭はすと云ひて脅迫せず。

其の晩又他の晩にも之等の娘達が悲鳴をあげたるを聞きたることなく、又他の娘が抵抗せることを聞きたることも見たることもなし。

他の慰安所の監督は私見に依れば能崎少将の副官たりし高橋少佐が行ひたり。

石田大尉は大多数の夫人は売淫を強制せられたりと余に語りたることなし。彼の云ひあることは全部嘘なり。

余は本刑務所にて之等四ヵ所の慰安所で売淫が強制せられたることを聞けり。然し、余は未だ之を信ぜず。之等慰安所の閉鎖は「バタビア」の軍司令部から命ぜられたり。理由は欧州婦人を働かしめたる為なり。小田島大佐の調査に関しては知らず。彼が「スマラン」各「キャンプ」を訪れしことも知らず。余は小田島大佐なるものを全然知らず。

7. **「然らば、貴下は本件に於ける全証人及貴下の仲間たる将校も故意に貴下を陥れんとしてありと考へらるるや？慰安所の経営者「蔦木」他数名に次の如く述べあり」**

蔦木：「僅か2-3名の志望者しか集まらざりしを以て、余は岡田少佐から警察官と共に各「キャンプ」から婦女を選べとの命を受けた」

大久保：「一群の婦人は「スマラン」「レストラン」に配当せられたるも、その何れかの方に於て売淫が強制せられたり」

石川：「彼女等は慰安所へ入ることを強制せられたるものと思ふ」

城戸：「婦女の中一部は志望者なれど、其の他は強制的に慰安所に入れられた」

抑留所より婦女を抽出して、慰安所を開設せんとの案は池田大佐から出たるものなり。…。余が「バタビア」に行きて本件許可を申請せる、それ以前に池田は経営者たる下田、古谷、森本、蔦木と会合を行ひゐたり。此の席には州庁の役人達も出席しありしが、その名は知らず。余は之に出席しあらず。

「バタビア」へ行く数日前、…。池田は既に婦女の必要人員数及其の他の慰安所の組織に関する報告を作りありたり。故に之等の準備業務は総て池田に依り行はれたり。

誰が志望者の名簿を作りしや、又誰が石田を各「キャンプ」に差向けて、婦女子を探させたるやは知らず。之を命じたるは余にあらざるも、多分高橋が命じたるものならん。

余は婦女の選出には何も関係しあらず。之等の婦女が「カナリーラーン」に集められたる時、石田か或は他の一名が余に対し自由意志に基く婦女45名の名簿の中にも自由意志に基かざる者が数名ゐると云ふことを報告し来れり。故に既に此の時は若干名が減らされてゐた訳なり。何となれば、「カナリーラーン」に居た婦女は全部で35名なりしを以てなり。

更に之等35名の婦女達が何の抗議も行はずに「自由意志宣誓書」に署名をしたるを以て、余は彼女等が同意したるものと認めしが、其れ以後も反抗や反対がありたることを聞きたることなし。

「貴下が余に提示せる表は全部が正しいとは云ひ難し。(訊問官は河村に依り作成せられたる表第一、第二、第三を容疑者に提示せり)」

第一表は正し。第二表及第三表は問題あり。余は当時慰安所の経理のみを担当しありたるものにして、管理には全然関係なし。此の業務は能崎に直属せる副官部の河村少佐或は高橋少佐の担当たり。

8. 「婦女達は慰安所に入れらるる前に診断を受けたりや？又彼女等は常に診断を受けありたるや？」

客は「サック」を使用すべしとの規定がありたり。将校「クラブ」にては一名も性病に罹りたり、妊娠したるものなし。他の慰安所のことに関しては知らず。余の慰安所の経営者蔦木は慰安婦を良く扱ひ、その生活をより快適にする為総ゆることを行ひたり。余自身も亦之等婦女の為に出来うる限りの配慮を行ひたり。

9. 「全証言が「強制売淫」に関し判然と云ひあるに、貴下は之は否認しあり。然し、若しも之に強制がありとせば、之に対する責任者は何者なりや？」

若しも、此の売淫が強制下に行はれたりとせば、余は幹候隊が関係せる部分に対しては責任あり。「カナリーラーン」以前のことに関しては余に責任なし。而して之は州庁或は又石田大尉の責任なり。

(4.5)　裁判での争点に関し、下記の証言を抜粋した。

(4.5.1)　慰安所設置について、

能崎清次少将(隊長):1944年初め頃、私の参謀格の池田大佐及び歩兵隊長の大久保大佐から、抑留婦人を慰安所に使わしてもらいたいとの申し出があった。マゲランではその時すでに抑留婦人の慰安婦を…、州庁と憲兵隊とで連れてき(*ていて)、日本側で希望者を募れば希望者は相当出る情況と思われるとのことであった。面接調書(1966.4.5作成)

能崎:44年1月…。それから間もなく大久保中佐が来たり、宮野州長が抑留婦人を以てする慰安所の開設を行はんとしある旨を語りたり。本件に関しては宮野が池田、大久保、高橋と共に談合を行ひたるものと想像せり。

石田英一大尉:「スマラン」に新しく慰安所を開設することを提議したるは池田なりき。能崎は之に賛同し、又軍の之に対する許可は高橋に与へられたり。**「貴下は本件に関し池田に同責任あると考へるや?」**の問いに対し、然り。

池田省一大佐:抑留所から婦女を連れて来ることを思ひつきたるは余自身なり。而して、大久保と能崎が余の計画を援助し且つ同意したるものなり。

池田大佐:大久保は能崎に対し、新に設立せらるべき慰安所には、当時「スマラン」市内及附近に抑留せられある婦女子の中より選ぶべき旨建言せり。本建言は余に依りて支持せられたり。

池田大佐:慰安所開設許可を与へたる責任者:原田中将、国分少将、参謀(佐藤或はその後任者)婦女を各「キャンプ」より連行せる者は:軍人、警察及軍医(但し推測)…。

古谷巌(軍属「スマランクラブ」経営者):石田大尉から電話にて幹候隊本部へ出頭を命し来りたり。余が本部へ出頭せる際は、既に軍政職員2名、石田大尉、蔦木及其の他2-3名の慰安所経営者が居りたる。其処にて石田より彼と共に「各キャンプ」へ行くべしとの命令を受け、余は当日3ヶ所の婦人「キャンプ」へ行きたり。それらの中の一ヶ所にては、余は石田より婦女を一人一人事務所に呼んで来る役を云ひつけられたり。志望者の名簿は州庁で作られたりと思ふも、事実は知らず。当時の州長官は宮野にして、諸「キャンプ」は当時州庁の管轄下にありたり。

蔦木健次郎(軍属「将校クラブ」経営者):之等の「キャンプ」に於て、我々は石田中尉及数名の警察官に依って選ばれたる30-40名の婦人と遭った。

(4.5.2) オランダ人女性の承諾書について、

能崎:24-2-`44頃、自由意志にて慰安婦を行ふべき旨の証拠書類を自ら見たり。之は「マレー」語と「日本語」にて作られあり。

能崎:岡田に強制的不法行為ありたりとするも、之は岡田個人の専断に基くものと云はざるべからず。

池田大佐:慰安所問題に関して、岡田少佐との接渉【折衝】について)否。その上官たりし「大久保」大佐とは行へり。出発前大久保と数回話合ひを行ひたり。

池田大佐:能崎と大久保は「強制」の行はれたることを良く知りゐて、之を黙認せしものと判断せり。

河村千代松少佐(能崎の副官):宣誓書の署名に当り強制や脅迫が行はれたることに就きて余は聞きたることなし。

下田真治(軍属「双葉荘」経営者):余は「青雲荘」用として7名を得たり。強制的に宣誓書に署名させられあるは見ず。之等7名の人が余の慰安所に来りたる後、余は中に自由意志に依らざる者あることを認めたり。之等2名の婦女は「キャンプ」に帰されたり。もう一人の婦人は若干気狂(ママ)ひの症状を呈せしを以て宮地医師及村上軍医の診断をうけ、やはり「キャンプ」へ帰されたり。

(4.5.3)　将校倶楽部でのオランダ人女性の生活について、

能崎：私は或宴席で一度彼らに様子を聞いてみたが、年長格子供連れの婦人は「ここに来て皆喜んでいる、子供も腹具合も癒り、元気になった」と感謝していた。面接調書（1966.4.5 作成）

三橋弘少佐（裁判官）：3月3日頃余は野崎と本慰安所に行きたるも、余が同衾せる婦人は非常に温和にして、後に余に対し、「アスピリン」を依頼せしを以て、余は之を与へたり。

河村少佐：余が将校「クラブ」の開設日に行きたる時、何等婦女の抵抗するを認めざりき。余と同衾せし婦人は何等抵抗或は彼女の意志に反するが如き素振りは見せざりき。強制売淫に関しては、その時、何も認め得ず。

村上類蔵（幹部候補生教育隊付軍医）：「売淫の強制」に関しては他に何も見たることも、聞きたることもなし。

中島四郎大尉（軍医）：慰安所開設当日、余の婦人は「文子」（新名）とか云ひて、余は彼女の全面的同意を得て同衾を行ひ、金10盾を彼女に支払ひたり。彼女は「サック」を使用するならばとの条件附にて同意を行ひたり。故に余は一度家に帰りて「サック」を携行せり。抵抗に関しては何も認めざりき。彼女は余が「キッス」をするを許したるを以て、余は彼女が性交を行ふも可なりとの結論を得たり。余は彼女を心から愛慕したるも、彼女が余を如何に思ひしやは断言し得ず。…。慰安所開設の全期間を通じ、余は客が婦女に対し行ひたる虐待行為を見たることなし。彼女等は幸福に暮しありたり。

森本雪雄（軍属「日の丸」経営者）：余は客が性交を行ふ為に婦女を虐待せることを聞きたることなし。

葛木：彼女等の第一夜は斯くして開始せられた。其の夜は忙かりし為、余は一ヵ所にゐざりしも、1乃至2名の婦人の泣声を聞きたり。客が婦女を虐待するのを見たることなし。然し、彼女等の中の一名から、彼女等は岡田を嫌ってゐると云ふ話を聞いたことはあり。余は又婦人達が泣いてゐるのを何回も見たり。読み聞せられたるL.F の証言(10542/R)は事実なるも、余の居らざることにて起りたる事件は肯定を与へることを得ず。…。岡田少佐と余は何ら犯罪的行為をしあらず。彼(岡田少佐)が皆責任を負ふを以て、心配は不要なりと云ひしも、余は岡田少佐を信ずるものなり。

(4.5.4) 上記(4.5.3)に関し、千田氏の著作を引用する。彼は結果的に朝鮮人女性20万人が慰安婦にさせられたという誤謬を拡散させたが、以下の記述には信憑性がありそうだ[出典:千田夏光『従軍慰安婦』1984年、講談社、p. 212、p. 214]。但し、陸軍〝飛行輝6300部隊〟の裏を取ることはできなかった。航空写真を撮影する日本フライングサービス株式会社は以前存在していたようだ。

語ってくれるのは富永泰史氏。…。元陸軍〝飛行輝6300部隊〟。現在、日本フライングサービス株式会社の役員。

インドネシアでは、…、(*ス)マランに慰安所があり、…。中には、三十代のオランダ人の抑留夫人もいました。亭主は敵国人として日本軍に捕らわれているのに、自分の旦那の写真を枕元に立てたまま、男の相手をして楽しんでいました。商売抜きですね。公園を散歩したこともありました。

(4.6) 慰安所経営者の収入について以下の証言を掲げる。

古谷:収入は婦人の儲けたる金の70%にして、一週間に総額約1000盾【ギルダー】の上りがあり、この中300盾が婦女に渡り、残額700盾の中から食糧或は使用人の給料を支払はねばならぬを以て、余の取前は多くはなかりき。

下田:収入は婦女の上げし収入の50%にして、その残部は婦女にわけられたり。総額は一週に約160盾なりしも、余は余の取前より度々食物その他を婦女に買ひ与へしを以て、貯金どころか時には不足を来りたり。

森本：収入は総上りの50%にして、総額は一週間に約800盾なりしを以て、余は一週約400盾を得、之より使用人、照明、食費を支払ふを以て、実際には残らざりき。

葛木：将校「クラブ」慰安所経営主としての収入は月に50盾から100盾の間なり。通常婦人は一日一人、時には全然とらぬこともあり。50盾-100盾は余の純収入にして、勿論此の他は人件費其の他の費用に支出す。

(5) 上記証言を比較すると、いくつか事実らしいことが浮き上がってくるが、ここでは敢えて触れない。3人の裁判官が各被告の証言を抜き出し、それを図式化し、整合性を検討していたならば、と思うが、判決は、オランダ人慰安婦証言の社会的影響力に最大限留意しただけなのだろう。そこにあったのは勝者と敗者という構図で、それがそのまま歴史となった。37人（＊2人は重複）のオランダ人慰安婦証言を読めば読む程、朝鮮人元慰安婦の証言と重なってくる。但し、両者の主張には大きな違いが1つある。前者の場合、被告は法廷で反論していた。後者の場合、彼女たちに直接反論した関係者は誰もいない。尚、7人が岡田少佐を名指しで非難していた。

(6) 岡田少佐に対する判決

a 昭和一九年三月四月の間、スマランの兵站将校の職にあったが、かねて日本軍当局によってスマラン所在のスマランオースト、カンダハン、ハルマヘラ並びにアムパラワ所在の第四及び第六の各収容所に抑留されていた一団約三五名の婦人を連れ出し、スマランにある「将校クラブ」「スマランクラブ」「日の丸」及び「双葉荘」等の慰安所に連行して、売淫を行わせ、売淫を肯んぜざるものに対しては、強制して、これを行わせた。

b　昭和一九年二月二九日、少なくとも一九年二月中の或白昼、兵站将校代理の職にあったが、スマラン慰安所として指定されていた「将校クラブ」において、a項記載の婦人らをして売淫を行わせ、しかも、もし彼女らが肉交を求めて同クラブを訪れる日本人に対し、各自自由意志をもってこれを拒絶した場合には、彼女らの家族に最も恐怖すべき手段をもって報復すると威嚇した。

c　昭和一九年二月二九日、少なくとも昭和一九年二月中のある夜、b項に掲げた場所において、L・V（*L・Fの誤記）なる婦人に対し、腕力をふるって強制的に性交を営んだ。

d　昭和一九年二月三月四月の間、兵站将校代理の職にあったがa項に掲げた婦人らを「将校クラブ」「スマランクラブ」「日の丸」及び「双葉荘」等の慰安所に宿泊させ、自己の統率下にある軍人及び軍属を相手に売淫を強制し、かつ強姦を行い、戦争犯罪を犯した。

村山談話

村山談話とは、自民党と社会党との連立政権下、村山富市総理が1995年に発表したもの。**[出典：村山総理大臣談話、https://www.mofa.go.jp/mofaj/press/danwa/07/dmu_0815.html、2019年2月14日閲覧]**。この談話が折に触れて耳目を集めるのは、下線部があるからだと言われている。

「戦後50周年の終戦記念日にあたって」（いわゆる村山談話）

平成7年8月15日

先の大戦が終わりを告げてから、50年の歳月が流れました。今、あらためて、あの戦争によって犠牲となられた内外の多くの人々に思いを馳せるとき、万感胸に迫るものがあります。

…。

平和で豊かな日本となった今日、私たちはややもすればこの平和の尊さ、有難さを忘れがちになります。私たちは過去のあやまちを２度と繰り返すことのないよう、戦争の悲惨さを若い世代に語り伝えていかなければなりません。とくに近隣諸国の人々と手を携えて、アジア太平洋地域ひいては世界の平和を確かなものとしていくためには、なによりも、これらの諸国との間に深い理解と信頼にもとづいた関係を培っていくことが不可欠と考えます。政府は、この考えにもとづき、特に近現代における日本と近隣アジア諸国との関係にかかわる歴史研究を支援し、各国との交流の飛躍的な拡大をはかるために、この２つを柱とした平和友好交流事業を展開しております。また、現在取り組んでいる戦後処理問題についても、わが国とこれらの国々との信頼関係を一層強化するため、私は、ひき続き誠実に対応してまいります。

…。

わが国は、遠くない過去の一時期、国策を誤り、戦争への道を歩んで国民を存亡の危機に陥れ、植民地支配と侵略によって、多くの国々、とりわけアジア諸国の人々に対して多大の損害と苦痛を与えました。私は、未来に誤ち無からしめんとするが故に、疑うべくもないこの歴史の事実を謙虚に受け止め、ここにあらためて痛切な反省の意を表し、心からのお詫びの気持ちを表明いたします。また、この歴史がもたらした内外すべての犠牲者に深い哀悼の念を捧げます。

敗戦の日から50周年を迎えた今日、わが国は、深い反省に立ち、独善的なナショナリズムを排し、責任ある国際社会の一員として国際協調を促進し、それを通じて、平和の理念と民主主義とを押し広めていかなければなりません。同時に、わが国は、唯一の被爆国としての体験を踏まえて、核兵器の究極の廃絶を目指し、核不拡散体制の強化など、国際的な軍縮を積極的に推進していくことが肝要であります。これこそ、過去に対するつぐないとなり、犠牲となられた方々の御霊を鎮めるゆえんとなると、私は信じております。

「杖(よ)るは信に如(し)くは莫(な)し」と申します。この記念すべき時に当たり、信義を施政の根幹とすることを内外に表明し、私の誓いの言葉といたします。

日朝平壌宣言

以下に全文を掲げる[**出典:日朝平壌宣言、https://www.mofa.go.jp/mofaj/kaidan/s_koi/n_korea_02/、2019年2月12日閲覧**]。下線部が慰安婦や戦時朝鮮人労働者(徴用工)問題でどうなるか。先ず日本は韓国と最終的な結論を出さなければならない。

日朝平壌宣言　　　　平成14年9月17日

小泉純一郎日本国総理大臣と金正日朝鮮民主主義人民共和国国防委員長は、2002年9月17日、平壌で出会い会談を行った。

両首脳は、日朝間の不幸な過去を清算し、懸案事項を解決し、実りある政治、経済、文化的関係を樹立することが、双方の基本利益に合致するとともに、地域の平和と安定に大きく寄与するものとなるとの共通の認識を確認した。

1. 双方は、この宣言に示された精神及び基本原則に従い、国交正常化を早期に実現させるため、あらゆる努力を傾注することとし、そのために2002年10月中に日朝国交正常化交渉を再開することとした。

   双方は、相互の信頼関係に基づき、国交正常化の実現に至る過程においても、日朝間に存在する諸問題に誠意をもって取り組む強い決意を表明した。

2. 日本側は、過去の植民地支配によって、朝鮮の人々に多大の損害と苦痛を与えたという歴史の事実を謙虚に受け止め、痛切な反省と心からのお詫びの気持ちを表明した。

双方は、日本側が朝鮮民主主義人民共和国側に対して、国交正常化の後、双方が適切と考える期間にわたり、無償資金協力、低金利の長期借款供与及び国際機関を通じた人道主義的支援等の経済協力を実施し、また、民間経済活動を支援する見地から国際協力銀行等による融資、信用供与等が実施されることが、この宣言の精神に合致するとの基本認識の下、国交正常化交渉において、経済協力の具体的な規模と内容を誠実に協議することとした。

双方は、国交正常化を実現するにあたっては、1945年8月15日以前に生じた事由に基づく両国及びその国民のすべての財産及び請求権を相互に放棄するとの基本原則に従い、国交正常化交渉においてこれを具体的に協議することとした。

双方は、在日朝鮮人の地位に関する問題及び文化財の問題については、国交正常化交渉において誠実に協議することとした。

3. 双方は、国際法を遵守し、互いの安全を脅かす行動をとらないことを確認した。また、日本国民の生命と安全にかかわる懸案問題については、朝鮮民主主義人民共和国側は、日朝が不正常な関係にある中で生じたこのような遺憾な問題が今後再び生じることがないよう適切な措置をとることを確認した。

4. 双方は、北東アジア地域の平和と安定を維持、強化するため、互いに協力していくことを確認した。

双方は、この地域の関係各国の間に、相互の信頼に基づく協力関係が構築されることの重要性を確認するとともに、この地域の関係国間の関係が正常化されるにつれ、地域の信頼醸成を図るための枠組みを整備していくことが重要であるとの認識を一にした。

双方は、朝鮮半島の核問題の包括的な解決のため、関連するすべての国際的合意を遵守することを確認した。また、双方は、核問題及びミサイル問題を含む安全保障上の諸問題に関し、関係諸国間の対話を促進し、問題解決を図ることの必要性を確認した。

朝鮮民主主義人民共和国側は、この宣言の精神に従い、ミサイル発射のモラトリアムを2003年以降もさらに延長していく意向を表明した。

双方は、安全保障にかかわる問題について協議を行っていくこととした。

日本国	朝鮮民主主義人民共和国
総理大臣	国防委員会　委員長
小泉　純一郎	金　正日

アジア女性基金

(1) アジア女性基金は以下のように説明されている[出典：デジタル大辞泉の解説、アジア女性基金とは - コトバンク、https://kotobank.jp/word/、2019年1月24日閲覧]。

《「女性のためのアジア平和国民基金」の通称》第二次大戦中に従軍慰安婦として動員された女性に対する補償、および女性の名誉と尊厳に関わる今日的な問題の解決を目的として、平成7年(1995)に政府の決定により設立された財団法人。オランダ・フィリピン・韓国・インドネシア・台湾で償い金の支給や医療・福祉支援事業を実施。平成19年(2007)、基金事業の終了に伴い解散。

(2) この団体は自民党と社会党との連立政権下で政府決定により設立された財団法人となっている。普通の人は、「そうだったのか」と頷くだけだろうが、この簡潔な記述の背景には、いくつかの葛藤があった。①日本政府が個人補償として慰安婦へ直接償い金を出せば、1965年の日韓基本条約に違反すると考えられた。②連立政権下とは言え、自民党が圧倒的多数を占めていたので、この団体設立を目指して清水澄子社会党国会議員が法案(議員立法)を提出しても、可決成立する見込みは低かった。従って、③財団設立は閣議決定でなされた。④財団の基金は募金で賄うこととし、政府からの出費は事務関係に限定することとされた[出典:朴裕河『帝国の慰安婦』2014年、朝日新聞出版、p. 240-244]。

(3) この基金は以下の事業を実施して解散した[出典:外務省: アジア女性基金による事業の概要、https://www.mofa.go.jp/mofaj/area/taisen/asia_jk_genjyo.html、2019年1月24日閲覧](*行数節約のため、一部編集)。

1. いわゆる従軍慰安婦問題関連事業
 (1) 募金状況:基本財産への寄附を含め、約6億円の募金が寄せられた。
 (2) 具体的事業
 (イ) 比、韓国、台湾の元慰安婦の方一人当たり一律200万円(原資は募金、最終的な事業総額は5億7千万円)の「償い金」の支給。
 (ロ) 比、韓国、台湾を対象に事業開始後5年間を目途として医療・福祉支援事業(原資は政府拠出金、最終的な事業実施総額は約5億1000万円)の実施。
 (ハ) (イ)の事業を実施する折り、政府が「総理の手紙」を発出。
 (ニ) 比、韓国、台湾の事業は2002年9月に終了し、これら3カ国・

地域で、最終的な事業実施者数は285名となった。

（ホ）元慰安婦の認定が困難なインドネシア、オランダにおいては、政府からの拠出金を基に、別途事業を実施。

(3) 比　96年8月13日に「基金」事業を開始。97年1月15日、「基金」と比政府は医療・福祉支援事業について合意し、同事業を開始（事業内容：「償い金」：200万円、医療・福祉支援事業：一人当たり5年間で120万円相当の財・サービスを提供、実施主体は比社会福祉開発省。対象者は比政府により元慰安婦として認定された方）。2001年8月12日に申請受付を終了。

(4) 韓国　「基金」は、97年1月11日に事業を開始。98年1月6日に事業内容及び申請受付期間等を公示する新聞広告を掲載（「償い金」：200万円、医療・福祉支援事業：一人当たり5年間で300万円相当）。 2002年5月1日に事業の申請受付を終了。

(5) 台湾　97年5月2日、台湾で申請を受け付ける旨の新聞広告を掲載し、「基金」事業を開始（「償い金」：200万円、医療・福祉支援事業：5年間で300万円相当）。2002年5月1日に事業の申請受付を終了。

(6) インドネシア　「基金」は、97年3月25日に、「イ」政府より提案された個人を対象にした事業ではなく元慰安婦と称する方や女性を中心とした高齢者を対象とした事業（既存の老人ホームに付属して、身寄りのない高齢者や病気や障害により働くことの出来ない方のための施設を建設）について「イ」政府と覚書に署名（実施主体：「イ」社会省、事業規模：3億8000万円、事業期間：10年間）。最終的には69ヶ所の高齢者福祉施設が完成し、2007年3月までにすべての事業を終了。

(7) オランダ　「基金」は、98年7月15日に、オランダ側「蘭事業実施委員会（PICN）」と、いわゆる従軍慰安婦問題に関し、事業対象者の生活の改善・向上に資する事業について覚書に署名を行い、オランダでの「基金」事業を開始した（実施主体：「蘭事業実施委員会」、事業規模：2億5500万円、事業期間：3年間）。79名の方に事業を実施し、2001年7月14日に成功裏に終了した。

(8) いわゆる「従軍慰安婦」関連資料の収集等（政府補助金）

「基金」では、本件を歴史の教訓とするため、慰安婦関係資料の収集等を行った。

2. 今日的な女性問題関連事業（政府補助金）（略）

日韓合意

(1) 2015年12月28日、日本の岸田文雄外務大臣と韓国の尹炳世外交部長は、慰安婦問題に関し共同記者会見を開き、以下のことが合意された［**出典：日韓合意、https://ja.wikipedia.org/、2017年9月9日閲覧**］。

岸田大臣は、政府のおわびと反省の気持ちを表明した上で、政府が元慰安婦の心の傷を癒す措置を講じることを前提として、この問題が最終的かつ不可逆的に解決されることを確認すると表明した。

尹炳世外交部長は、同じくこの問題が最終的かつ不可逆的に解決されることを確認するとした上で、在韓国日本大使館前の少女像に対し、日本政府が公館の安寧・威厳の維持の観点から懸念していることを認知し、関連団体との協議を行う等を通じて、適切に解決されるよう努力すると述べた。

さらに両政府は、今後、国連等国際社会において、この問題について互いに非難・批判することは控える、とした。

(2) ところが2017年5月、罷免された朴槿恵大統領に代わって文在寅大統領が就任すると、7月には、韓国外務省が日韓合意を検証するための作業部会を一方的に設置した。12月、同作業部会が検証結果を発表した。12月28日、その結果を受けた文在寅大統領は、日韓合意について以下のように述べた［**出典：産経新聞2017年12月29日、『文大統領「慰安婦、再燃は不可避」破棄・再交渉　言及せず』**］。

「国際社会の普遍的な原則に反し、当事者（元慰安婦の女性）と国民を排除した政治的な合意だ」とし、合意に至った政府間交渉に「手続き、内容にも重大な欠陥があることが確認された」と述べ、「歴史で最も重要なのは真実だ」とし、「政府間の約束であれ、大統領として、この合意で慰安婦問題が解決できないことを改めて明確にする」

(3) 文大統領の発言に対し、河野太郎外相は同日、訪問先のトルコで記者団に対し「断じて受け入れられない。引き続き合意の着実な実施を強く求めていく」、「韓国政府が合意を変更しようとするのであれば、日韓関係が維持不能となる」などと述べた［出典：同上］。ところが、2018年1月9日、康京和韓国外相は、慰安婦問題を巡る日韓合意に対する新たな方針を発表した。康外相は日本に対し元慰安婦らが「自発的で心のこもった謝罪」を求めていると強調し、「事実を認め、被害者らの名誉・尊厳回復と心の傷を癒すための努力継続を期待する」と日本側の更なる対処を求めた［出典：産経新聞2018年1月10日、『慰安婦合意で新方針』］。

(4) 韓国側の変節は政府間合意を反故にしている。これに対し日本側は直ちに次のような声明を出すべきだった。

日本政府声明案

1. 元慰安婦とされる女性たちについて、韓国側は、①公娼、私娼の区別、②身分証明書発給の有無、③戦地の慰安所と戦地以外の売春宿の区別、④報酬の有無、⑤実家への送金の有無などを検証していない。
2. ビルマにあった1軒の慰安所には20人の朝鮮人慰安婦がいて、彼女たちは1944年8月、アメリカ軍によって収容された。同軍の尋問によれば、彼女たち全員が売春婦で、その生活程度はやや贅沢なものだった。尋問結果と彼女たちが性奴隷だったという主張には整合性がない。

3. 女子挺身隊と慰安婦とを混同した著作などにより、朝鮮人慰安婦総数が20万人だったという誤謬が世界に拡散されているが、その根拠はすでに覆されている。一説によれば、日本人、朝鮮人、台湾人、中国人、東南アジア人を含めた慰安婦総数は、戦中のある時期に6,000人程だったとされる。
4. 朝日新聞は、自分が朝鮮人女性を強制連行して慰安婦にしたという吉田清治氏に関連する記事16本を取り消している。
5. 慰安婦問題に関する国連人権理事会などによる日本政府への勧告は、事実関係を検証していないので、現時点での対応は時期尚早だと考える。
6. 日本政府は、公娼制度が女性の人身売買を助長したことと軍が戦地で慰安婦を利用したことに対し、遺憾の意を表明する。公娼制度が女性の尊厳を蔑ろにするものだったことを認め、慰安婦に対し衷心より謝罪をする。しかしながら、事実関係についての証言が明確でないことを鑑み、元慰安婦だと名乗り出た女性たちに、これ以上の措置を講じる必要性はないと考える。

(5) 日韓合意に関し、下記のような常軌を逸した発言もある[出典：2019年02月13日14時27分、[ⓒ中央日報/中央日報日本語版]、2019年2月13日閲覧]。

「天皇謝罪」日本の反発に…文喜相氏「安倍氏まで出てきたのは理解できない」

韓国の文喜相国会議長が12日(現地時間)、慰安婦問題に対する天皇の謝罪を求めた発言に関連し、安倍晋三首相をはじめ日本政府が発言撤回と謝罪を求めたことに対して「謝るような事案ではない」と一蹴した。

文議長はこの日、米国ワシントンDCで開かれた特派員懇談会で「私がした話は普段からの持論であり、10年前から話してきたこと」としながら「根本的な解決方法に関しては今でもそのように考えている」と述べた。

文議員は「慰安婦問題において最も基本的な問題はただ一つ、心のこもった謝罪」としながら「誠意ある謝罪が一言あれば終わることを、なぜこのように長々と引っ張っているのかというところに私の言葉の本質がある」と強調した。

文議長は「合意書が何十件あっても何だというのか」としながら「被害者の最後の容赦があるまで謝れということ」と話した。続いて「なぜこのように大きな問題なるのか。さらに官房長官が出てきたと思ったら、安倍首相まで出てきてこのようにすることについて到底理解することができない」と批判した。

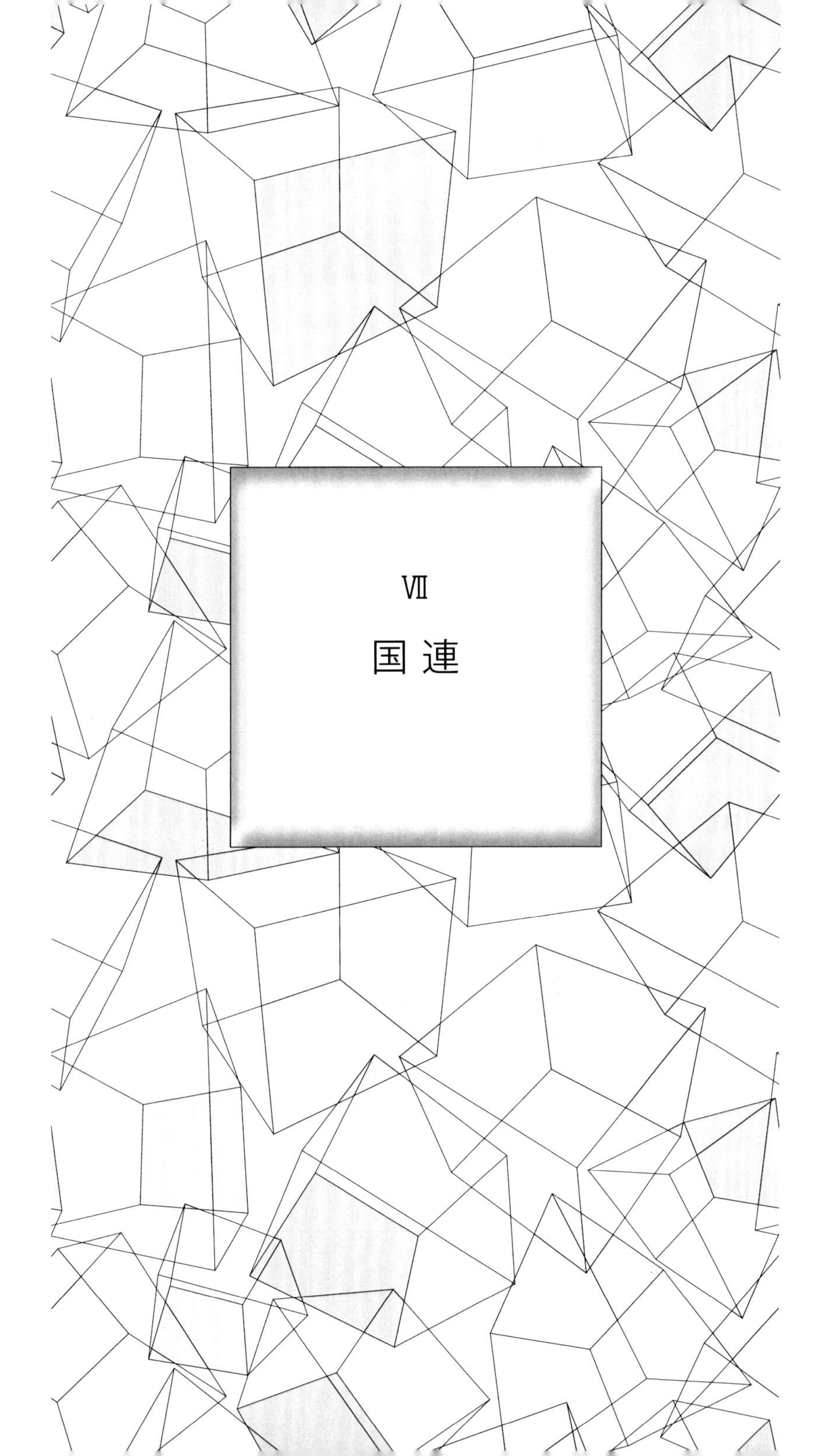

Ⅶ 国連

クマラスワミ報告書

(1) 1996年、ラディカ・クマラスワミ弁護士が、国連人権委員会(現人権理事会)に提出した報告書「E/CN.4/1996/53(女性への暴力に関する特別報告書)」のこと。国連の場で、慰安婦問題の重要部分につい誤謬を拡散させた報告書の1つ。マクドゥーガル報告書と双璧をなす盲信の源泉。ドイツの思想家ニーチェは、「世の中には2種類の人がいる。物事を知ろうとする人と信じようとする人だ」と述べている。両報告書の執筆者2人は後者に属する。下記(3)と(4)で指摘されている事実関係に関し、彼女は沈黙したままだ。

(2) 同報告書は、日本によって制定され、朝鮮にも導入された公娼制度の実態についてまったく触れていない。クマラスワミ氏が、同報告書中、殊に第11から14段落及び19から20段落でこの制度へ言及しなかったことにより、人権委員会構成員の判断を誤らせた。同制度は朝鮮でも1908年あるいは1916年から1945年まで施行されていた。しかも同制度は名目上公布されていただけでなく、その実施を間接的に証明する統計資料が残されている。**芸妓酌婦芸妓置屋営業取締規則**(3)を参照。

(3) クマラスワミ氏は、同報告書でヒックス氏の著作と吉田氏の著作とを引用している[出典：藤岡信勝著『国連が世界に広めた「慰安婦＝性奴隷」の嘘』2016年、自由社、p. 43-44]が、その妥当性については、**ヒックス・ジョージ**及び**強制連行**を参照。

(4) さらに言えば、朴裕河教授は、同報告書が強制連行に関して吉田氏の本を引用し、慰安婦の殆どが14-18歳だったとし、慰安婦たちが相手をした軍人の数が1晩に60-70人だとしていることを指摘している。上記14-18歳と60-70人という数字については、「少なくとも韓国で刊行された慰安婦証言集にはない」と書き、(＊クマラスワミ氏が)1996年の時点で、「慰安婦」とは、基本的に「売春」の枠組みの中のことであることに気づいていた」とも書いている［出典：朴裕河著の『帝国の慰安婦』2014年、朝日出版社、p. 200、p. 199］。

(5) もし朝鮮人慰安婦が20万人もいて、1人が1晩に60-70人の兵士を相手にしたとすれば、外出許可を得て慰安所に行った兵士は、1晩に1,200万から1,400万人になる。クマラスワミ氏が掛け算を不得手にしていたかどうか不明だが、この報告書は権威あるものとされている。

マクドゥーガル報告書

(1) 国連の場で、慰安婦問題の誤解を拡散させた報告書の1つ。クマラスワミ報告書と双璧をなす盲信の源泉。

(2) マクドゥーガル報告書は、1998年8月国連人権委員会差別防止・少数者保護小委員会で採択されたゲイ・マクドゥーガル（英語版）戦時性奴隷制特別報告者の「武力紛争下の組織的強姦・性奴隷制および奴隷制類似慣行に関する最終報告書」。本文では旧ユーゴスラビアでの戦争とルワンダ虐殺を扱い、附属文書で日本の慰安婦を取り上げている。

(3) 同報告書の付属文書「E/CN.4/Sub.2/1998/13」は、日本軍の慰安婦制度に関して国連のクマラスワミ報告書に続くものであり、前よりは詳しく調査し、慰安所は性奴隷制度であり、女性の人権への著しい侵害の戦争犯罪であり、責任者の処罰と被害者への補償を日本政府に求めた。報告書では慰安所を「強姦所」と呼び、事実認定において強制連行の有無などは問題とはなっていないが、軍と政府の両方が直接アジア中のレイプセンターの設立に関わり、20万人以上のアジア女性を強制的に性奴隷にし、その多くが11～20歳であり、毎日数回強制的にレイプされ、厳しい肉体的虐待にさらされ、性病をうつすなどの虐待を受け、生き延びたのは25％だったと書く［出典：マクドゥーガル報告、https://ja.wikipedia.org/wiki/、2019年1月4日閲覧］。

(4) 同付属文書「E/CN.4/Sub.2/1998/13」の第1段落は、アジア各地の強姦施設には推定で20万人を超える女性が奴隷化され性的サービスを強制されたと記述している。マクドゥーガル氏は、同報告書で91の文献を引用しているが、この推定された数字については、書籍、文書、声明など何も引用していない。

(5) スイスのジュネーブで国連人種差別撤廃委員会96会期（8月6日-30日）が開催され、対日審査会は、8月30日、日本政府への報告書を発表した。時事通信は2018年8月30日付けの外電で、以下の報道をしている。

2015年の日韓合意を含む慰安婦問題への日本政府の対応が「被害者中心ではない」とする指摘があり（＊報告書は）「懸念している」と表明。政府に対し「人権侵害の責任を認め、被害者中心の持続的解決策を保証するよう勧告する」と主張した。

報告書は「（慰安婦問題に対する）政府の責任を矮小化する一部当局者の発言を懸念する」と表明。「元慰安婦とその家族への適切な対処」を含む、問題解決へ向けた詳細な対応内容を委員会へ報告するよう政府側に求めた。…。報告書に拘束力はない。

16、17の両日に行われた討議では、米人権活動家のマクドゥーガル委員が「なぜ日本が、被害者が適切と考える謝罪と補償をしないか理解できない」と批判。日本政府側は「次世代に引きずらないことが重要だ」として、日韓合意で解決済みとの立場を改めて示した。

その討議を傍聴したなでしこアクション代表の山本優美子氏は、マクドゥーガル氏について、以下を同会のブログに掲載している。

米国のマックドゥーガル委員は、1996年に国連特別報告者として報告書「現代的形態の奴隷制度」を書いた女性である。この報告書では、慰安所を「強姦所」として日本の法的責任を非難した。（＊今回の）委員会では「私は25年間ほどこの問題に関わってきた」と専門家であることを強調する一方で、「事実の議論はやめましょう。これは女性の尊厳の問題です」、「慰安婦の大多数は韓国出身だったのが事実です」と発言した。

(6) マクドゥーガル女史（71歳、2018年8月現在）は、人権と人種差別問題に関わってきた法律の専門家だ。日本による慰安所設置の法的責任問題はさて置き、彼女の発言（＊下線部）は法律家として妥当ではない。編纂者は録画された5分間の発言を聞いたが、彼女は、山本氏がブログに掲載した通りのことを述べている。これは事実を無視する牽強付会と言わなければならない。

(7) 朴裕河教授は、クマラスワミ報告書と同じように、マクドゥーガル報告書が不用意に数字を引用していることを疑問視している。そして以下のような指摘をしている［出典：朴裕河『帝国の慰安婦』2014年、朝日出版社、p. 201-202］。これは、朴教授が慰安婦と公娼制度との関連を知っているからだ。

それに反して（＊韓国や日本の）支援団体は、「慰安」を日本軍の体型的なシステムとみなし、国家犯罪と考えた。もっとも、「慰安」というシステムが、根本的には女性の人権にかかわる問題であって、犯罪的なのは確かだ。しかし、それはあくまでも、（犯罪的）であって、法律で禁じられた（犯罪）ではなかった。当時の基準で法的責任を問えるのは、業者による過酷な強制労働や暴行、そして軍人による逸脱行為としての暴行と強姦の方である。

マクドゥーガル報告書も、このように誤った認識のもとに出されたものだった。にもかかわらず、国連の権威を借りて、韓国や日本の支援団体はこれを韓国の見解の正しさを証明する根拠にしてきたのである。

ヒックス、ジョージ

(1) ジョージ・ヒックス(George Hicks)氏が1995年に出版した"The comfort women"(邦訳は『慰安婦』)は、クマラスワミ報告書やマクドゥーガル報告書と比肩し得る作品。同作品は、1976年に金一勉氏が書いた『天皇の軍隊と朝鮮人慰安婦』を下敷きとしているが、その本文p. 278には、「朝鮮総督府は、戦争という狂気に乗じて、植民地の未婚女子すべてを日本軍隊用の『女郎』に投げ込んで朝鮮民族の衰亡を謀った」という記述がある[**出典:藤岡信勝著『国連が世界に広めた「慰安婦=性奴隷」の嘘』2016年、自由社、p. 47-48**]。

(2) 同書は、千田夏光氏の『従軍慰安婦』、金一勉氏『天皇の軍隊と朝鮮人慰安婦』、吉田清治氏、歴史学者吉見義明氏らの著作を参照しているが、ヒックス氏はこれらの書籍の内容や証言すべてを事実として取り扱っている。この著書の資料に関し、彼は、東京大学教授高橋彰の紹介で在日朝鮮人三世のリ・ユミが情報の80%を収集し、またアメリカの国際政治学者チャルマーズ・ジョンソンの紹介でリ・ハイキュン教授にも資料を提供してもらい、他には吉見義明の協力を得たと述べている[**出典:クマラスワミ報告、https://ja.wikipedia.org/wiki/、2019年1月4日閲覧**]。

(3) 歴史学者の秦郁彦氏や荒井信一氏は、クマラスワミ報告の参考文献はヒックスの著作のみに依拠しているという。秦氏はまた、ヒックスの著作はどの文献を参照したのか脚注もついておらず、また原著にない部分を記していたりしており、初歩的な間違いと歪曲だらけの通俗書と評している[**出典:同上**]。

田中ユキ

(1) 田中ユキ氏は『Japan' s Comfort Women : Sexual Slavery and Prostitution During World War II and the US Occupation』Published December 21st 2001 by Routledgeの著者とされている。アマゾン・本でこの著作を検索すると以下のような書き込みがある［出典：Amazon ¦ Japan' s Comfort Women (Asia' s …、https://www.amazon.co.jp/Japans-Comfort-Women-Asias、2019年2月1日閲覧)］。

もかもか　著者について　2008年3月24日

田中利幸氏と田中ユキとの共著であるかのように紹介にありますが、これは田中利幸氏の単著です。田中利幸氏は広島市立大広島平和研究所教授ですが、田中ユキの名で敬和学園大学で非常勤講師として平和学を教えているとこのことです。原書では、Yuki Tanakaの単著となっており、研究書であるのに偽名が使われていることには疑問を感じます。

(2) 彼の本は以下のように紹介されている［出典：Japan' s Comfort Women: Sexual Slavery and Prostitution ...、https://books.google.com/books/about/Japan_s_Comfort...、2019年2月1日閲覧］が、1件のレビューがあるので、目次と共に紹介する［出典：同上］(＊編纂者による翻訳)。

『日本の慰安婦』は、慰安婦に関する痛ましい話を記述している。彼女たちはおぞましい性奴隷として生活し、日本陸軍に仕えるために売春をさせられた。著者は広範な一次資料を使い、軍が管理した売春を強制的な売春と結び付ける初めてとなるものだ。(＊以下略)

レビュー

この著作の成果の1つは慰安婦の何人かに上手く焦点を当てたことだ。性奴隷とするために募集し、あるいは強制するという非人間的な手続きを克明に記述している。募集者や営業者や兵士たちによる、女性の品位を傷付けるような日々の扱い、兵士を慰安することに反抗する女性は妊娠し、あるいは病気になったということも書かれている。特記したいのは、著書が、慰安婦制度実施に際し重要な役割を果たした関係者を浮き彫りにしようと試みたことだ。すなわち、日本軍の高級将校、陸軍省の役人、売春宿の所有者、募集者、そして医療関係者たちだ。

目次

とあり、連合国軍兵士による日本女性に対する性的暴行 p. 110 や

RAAp. 141などの記述に続き、脚注p. 183、索引p. 206で終わっている。

(3) ここで田中ユキ氏の著作が与えた影響に触れなければならない。なぜか。高橋史郎氏が書かれた文書を読んでもらいたいが、紙幅に制限があるので、以下のみを引用する［**出典：藤岡信勝著『国連が世界に広めた「慰安婦＝性奴隷」の嘘』2016年、自由社、p. 106-112**］。

2007年7月30日に米下院で慰安婦に関する非難決議がなされたが、そのベースになったのは、同年4月3日に米議会調査局のラリー・ニクシ調査員が同議会に提出した「日本軍の『慰安婦』制度」と題する報告書であった。

同報告書が次のように「結論」付けていることは極めて注目される。

〈安倍政府の軍による強制連行の否定は1992年から1993年に政府が行った調査で得られた元慰安婦の証言や田中ユキ著『日本の慰安婦』に記載されているアジア諸国出身の200人近い元慰安婦の証言や400人以上のオランダ人の証言と矛盾している。・・・2007年3月24日のワシントンポスト紙の「安倍晋三の二枚舌」という論説では北朝鮮による拉致事件に対する安倍首相の情熱と「第二次世界大戦中に何万人という女性を強制連行、強姦、性奴隷化した日本の責任を取り戻そうとする動き」を「安倍首相の二重のキャンペーン」として対照的に描き出す。この論説は「もし安倍が拉致された日本人市民の運命を探る件で国際的な援助を求めるのならば安倍は日本の犯罪に対する責任を直接認め、彼が中傷している犠牲者に対する謝罪を行うべきである」と断言している。したがって日本政府が100人以上の元慰安婦の証言を拒絶すると外部の者にとっては北朝鮮による日本の市民に拉致事件の信頼性

に対する疑問を抱かざるを得ないのである。〉

最も注目されるのは、右の「結論」が田中ユキの英文著書“Japan' s Comfort Women”(Routlege)を主要な論拠としていることである。同書は第1章で慰安婦制度の由来、第2章で中国などでの慰安婦の調達と性奴隷としての生活について詳述しているが、上海師範大学の蘇智良教授の調査を取り上げ、…。

蘇智良教授の英文著書“Chinese Comfort Women”(Oxford University Press)は田中ユキの「慰安婦制度の組織構造」(田中の前掲書、19～20頁)を参照して書かれており、両者の相互の影響関係に注目する必要がある。…。

2007　年の1月31日に下院外交委員会に提出された決議案121号の発起人は75人で、6月26日、以下のような決議が行われた。…。

1　日本政府は1930年代から第2次世界大戦終戦に至るまでアジア諸国と太平洋諸島を植民地化したり戦時占領する過程で、日本軍が強制的に若い女性を「慰安婦」と呼ばれる性の奴隷にした事実を、明確な態度で公式に認めて謝罪し、歴史的な責任を負わなければならない。

2　日本の首相が公式声明によって謝罪するなら、これまで発表した声明の真実性と水準に対し繰り返されている疑惑を解消するのに役立つだろう。

3　日本政府は「日本軍が慰安婦を性の奴隷にし、人身売買した事実は絶対にない」といういかなる主張に対しても、明確かつ公式に反省しなければならない。

4　日本政府は、国際社会が提示した慰安婦に関する勧告に従い、現世代と未来世代を対象に残酷な犯罪について教育しなければならない。

⑷　高橋氏が指摘した下院外交委員会121号決議と2007年7月30日の米下院による慰安婦に関する非難決議は、当然ながら朝日新聞が2014年8月5日付け朝刊で16本の記事を撤回したことを反映していない。田中氏が、当時広範な一次資料を基にして書いたとしても、今となれば検証不足を否定することはできない。

国連強制失踪委員会

⑴　強制失踪からのすべての者の保護に関する国際条約（強制失踪防止条約）は、2006年12月20日の第61回国連総会で採択され、2010年12月23日から発効した条約。日本は当初から加盟しているが、アメリカ、イギリス、オーストラリア、カナダ、ニュージーランドなどは加盟していない［出典：強制失踪防止条約 - Wikipedia、https://ja.wikipedia.org/wiki/、2019年2月2日閲覧］。中国、ロシア、北朝鮮、韓国、イランはどうだろう。ウィキペディアの英語版、フランス語版を見ても、名前が出てこない。

⑵　同条約に基づいて設置されている国連強制失踪委員会は、2018年11月19日、日本に対し、事実解明と責任者の処罰などについて勧告をした。産経新聞はその勧告と勧告に対する意見を以下のように報じている。

国連強制失踪委　慰安婦問題で日本に責任者処罰など勧告
2018.11.20 08:46 国際欧州・ロシア

【パリ＝三井美奈】国連の強制失踪委員会は19日、対日審査の報告書を公表し、慰安婦問題をめぐって日本政府に事実解明と責任者の処罰を勧告した。2015年の日韓合意で「最終的かつ不可逆的解決を確認した」とする日本の主張は、「補償を求める被害者の権利を否定するもの」だとして遺憾を表明した。

報告書は、日本政府が慰安婦問題で「事実関係やデータを開示していないという情報がある」と指摘。慰安婦やその子供の失踪について、遅滞なく完全な調査を行うべきだと求めた。行方が分からなくなった慰安婦の子供についても調査が必要だとした。

対日審査は今月5、6日に行われ、日本政府代表は慰安婦問題で「調査の結果、軍や官憲による『強制連行』を確認できるものはなかった」と主張。アジア女性基金などを通じて日本が行ってきた問題解決の努力を説明した。同委員会は、2010年に発効した強制失踪条約について、加盟国の実施状況を審査する機関。勧告に法的な拘束力はない。

【主張】国連強制失踪委　「反日宣伝」の撤回を迫れ

2018.11.21 05:00 コラム主張

国連の名を冠し、また不当な報告が出た。拉致などを禁じた「強制失踪条約」に基づく委員会が、慰安婦問題を俎上（そじょう）に載せ、日本政府に事実解明と責任者の処罰などを勧告した。

誤解と偏見に満ち受け入れられない。政府は強く撤回を迫るべきだ。

対日審査の最終見解として、元慰安婦らについて国家による「強制失踪」の犠牲の可能性があるなどと指摘しているが、史実を無視している。

軍などが組織的に人さらいのように連行したといった捉え方は虚構に基づく誤りである。

「慰安婦狩り」を行ったとする吉田清治証言などにより、暴力で女性を強制連行したなどの誤解、曲解が世界に広まった。しかし、吉田証言は、デタラメだったことが分かっている。

慰安婦を「性奴隷」と決めつけた国連クマラスワミ報告などもあるが、引用されている証言は裏付けの取れたものではない。

日本政府が「事実関係やデータを開示していないという情報がある」との指摘も、「数十万人強制連行」などの嘘に乗った、いわれなき非難であろう。

3年前の日韓合意について「補償を求める被害者の権利を否定

するもの」との批判も看過できない。合意に基づく支援事業を元慰安婦らの多くが受け入れている。それをほごにし、問題を蒸し返しているのは韓国である。

国連の人権関連の条約ごとに委員会が置かれ、締約国の状況を審査している。今年8月に人種差別撤廃委が、慰安婦問題の日本の対応が不十分とするなど、同様の勧告が相次いでいる。

放置しては、とんでもない勧告が続き、国連委が反日宣伝の場になるだけである。

世界では国や地域によって戦乱や政変の中で国家機関などが人々の自由を奪い、行方不明になる問題が起きている。

2010年に発効した強制失踪条約は、これを犯罪と定義し、処罰する枠組みをつくった。

日本は、北朝鮮による拉致問題を含む強制失踪について国際的な関心を高める見地からこの条約を重視し、10人の委員の1人に国際法学者を送り出している。

その委員会で慰安婦問題が扱われること自体、理解しがたい。委員の人選も含め、政府は嘘を許さぬ発信を改めて心すべきだ。

(3) なぜこんな勧告が出されたのだろうか。これについては、以下の続報がある［出典：なでしこアクション・ホームページ、2018年11月21日付け書き込み、2019年2月2日閲覧］。

委員会に慰安婦問題を持ち込んだのは、日弁連、女たちの戦争と平和資料館（WAM）、挺身隊問題対策協議会です。この3団体が委員会に事前に慰安婦問題についてNGO意見書を出していました。これらのNGOの意見書や委員会への働きかけで今回の勧告になったと思われます。

〈資料ダウンロード〉

1. 強制失踪委員会　最終見解書（報告書）原文　CED/C/JPN/

CO/1

2. 日弁連

意見書　原文　英語　/意見書日本語訳

レポートの中では、拉致問題の次に慰安婦問題を取り上げています。委員会は次の2点を日本政府に勧告するよう求めています。

(1) 公的な職にある者や指導的立場にある者が,「慰安婦」に対して行われた侵害に対する締約国の責任に関して軽率な発言をやめることを, 確実にすべきである。

(2) 2015年12月の日韓合意の発表に対し, 女性差別撤廃委員会が「被害者中心のアプローチを十分に取らなかったこと」を遺憾とし,「被害者の救済への権利を認め, 補償, 満足, 公的謝罪, リハビリテーションのための措置を含む十分かつ効果的な救済及び賠償を提供すること」と勧告した総括所見を謙虚に受け止め, 締約国は, 被害者の思いに配慮しながら, 誠実にこの問題に取り組むべきである。

(4) 冒頭で触れた強制失踪防止条約の第35条は以下のようになっている **[出典：外務省ホームページ、人権外交、強制失踪防止条約、2019年2月2日閲覧]**。日本は同条約を2009年に批准したが、その条約が発効したのは2010年だ。日弁連、女たちの戦争と平和資料館（WAM）、挺対協は、同条約第8条（b）が犯罪の時効に触れているので、その条文を誤解し、意見書を提出したのかもしれない。

第35条

1　委員会は、この条約の効力発生後に開始された強制失踪についてのみ権限を有する。

2　この条約の効力発生後にいずれかの国が締約国となる場合には、委員会に対して当該国が負う義務は、この条約が当該国について効力を生じた後に開始された強制失踪に関するものに限る。

国連強制失踪委員会・国連女性差別撤廃委員会・国連人権理事会（＊旧国連人権委員会）・国連人種差別撤廃員会など

これらの委員会・理事会は、崇高な理念の下に、理知的で経験豊かな委員で構成され、各会合には、同じく崇高な理念の下に、理知的で経験豊かな特別報告者が参加し、意見を述べていると一般人は理解している。願わくば、そうあって欲しいものだ。**クマラスワミ報告書**や**マクドゥーガル報告書**を参照。

国連人種差別撤廃員会

2018年8月30日、国連の人種差別撤廃委員会は、報告書（CERD/C/JPN/CO/10-11）を発表した。同委員会は、慰安婦問題に関する第27段落及び28段落において、日本政府に「被害者中心のアプローチによる恒久的な解決」を勧告している。過去にも慰安婦問題に関連し、2014年8月29日の同委員会報告書（CERD/C/JPN/CO/7-9）の第18段落、2008年12月18日の市民的及び政治的権利に関する国際規約委員会報告書（CCPR）2008（CCPR/C/JPN/CO/5）の第22段落、女性差別撤廃委員会報告書（CEDAW 2003 362）の第361段落及び362段落などが、同主旨の懸念や勧告を表明している。しかし、これらの報告書は事実関係を精査したものではなく、韓国側の主張を鵜呑みにしている。**クマラスワミ報告書**や**マクドゥーガル報告書**を参照。

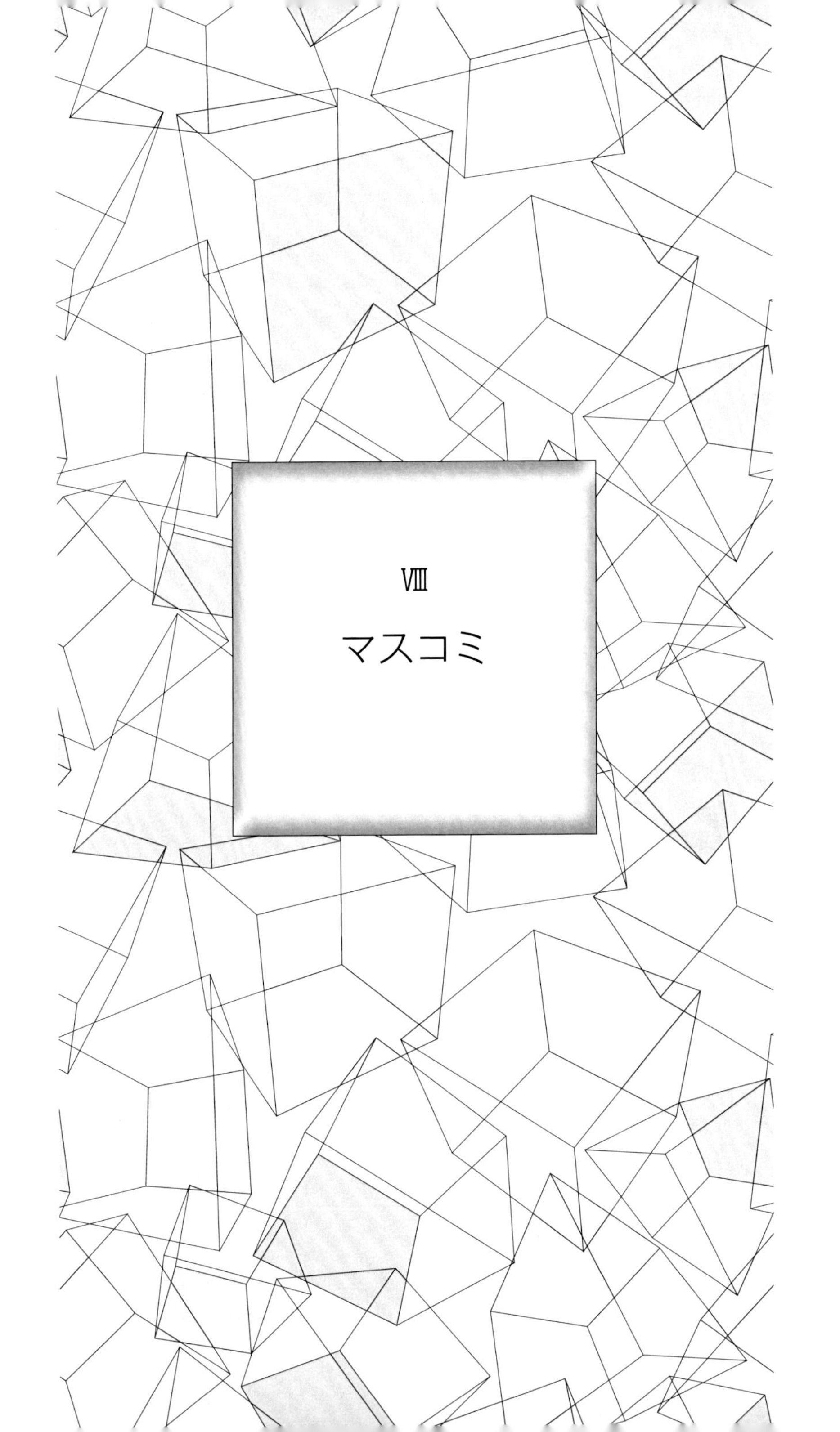

Ⅷ マスコミ

マスコミ

⑴ 報道機関のこと。大衆に大量の情報を伝達するという英語のMass Communication（Media）の和製省略語。プレス（Press）とも言う。マスコミのことを社会の木鐸とも言う。木鐸は、ぼく‐たく【木×鐸】で、デジタル大辞泉（小学館）は以下のように説明している［出典：木鐸（ぼくたく）の意味 - goo国語辞書、https://dictionary.goo.ne.jp/jn/203452/meaning/m0u、2019年2月14日閲覧］。

> 1 古代中国で、法令などを広く人民に示すときに振り鳴らした、木の舌のついている大きな鈴。
> 2 《「論語」八佾（はちいつ）から》世の人を教え導く人。社会の指導者。「社会の木鐸」

⑵ マスコミが社会の指導者かどうかは多いに議論があるが、ニュースキャスターの辛坊治郎氏は、新聞について以下のように述べている［出典：産経新聞2019年2月16日、『真実探求　裏付け確かな新聞で』］。

> 新聞は、新聞社の看板で書かれていますから、間違ったら、新聞社の名前で訂正が入ります。つまり情報の透明性が確保されているということです。…。情報の確かさは事実の裏付けがあるのかないのかということです。…。
>
> テレビで「あ」という言葉を発するとき、顔の表情、言い方、タイミング、声の量で喜怒哀楽を伝えます。新聞では「あ」と書いただけでは伝わらないので、「あ」が何を意味しているのか書き込みます。私もブログや雑誌に文章を書く場合、どう読んでも書かれた以外に解釈はできないだろうということしか書きません。

⑶ 作家の曾野綾子氏は、マスコミに関して以下のような意見を述べている［出典：産経新聞2019年3月6日、『曾野綾子の透明な歳月の光、「正しくな

い」言論許さぬ時代の再来』]。

ジャーナリストの高山正之氏と産経新聞論説委員の阿比留瑠偉氏の対談『マスメディアの罪と罰』（ワニブックス）は、日本の戦後のマスコミの病状を記録した貴重で興味深い資料である。

戦後の日本は…。ジャーナリズムの世界では、作家たちの多くが自ら出版社と息を合わせて進歩的態度を取らない限り、出版人の資格を失うという、一種の恐怖で支配されていたかのように見える。

…。爾来、日本のマスコミの主流派、根っこも背骨もなくて、「空気に弱い」ところだということは身にしみて理解できた。

朝日新聞の謝罪と記事の取り消し

(1)　2014年8月5日、朝日新聞朝刊は慰安婦問題に関する検証記事を掲載した。その結果、吉田証言については「裏付け得られず虚偽と判断」し、1980年から1994年までに報道された吉田清治氏関連の記事、合計16本を取り消した。そして第三者委員会からの報告書を受け取った朝日新聞は、2014年12月23日付け朝刊1面において、「慰安婦報道をめぐる一連の対応では、みなさまの信頼を損ねてしまっただけでなく、新聞報道全体への信認も傷付けてしまいました。改めて深くおわび申し上げます」と謝罪した。

(2)　虚偽証言との関連で補足すると、1991年1月11日付け朝日新聞朝刊は、見出しを「慰安所　軍関与示す資料」とし、日本軍が部隊に慰安所の設置を指示し、慰安婦の募集を含めた統制と監督をしていたと主張した。その資料とは陸軍省兵務局が起案した1938年3月4日付けの陸支密通牒第745号だった。同記事はその一部の写真と共に全文も掲載している。同通牒文は、中国戦線北部と中部に派遣された陸軍の各参謀長宛てに出されたものだが、以下の解説はその内容が同記事の主張とは異なることを明確にしている[**出典：阿部晃著『日本人なら知っておきたい「慰安婦問題」のからくり』2005年、夏目書房、p. 164-168**]。

【慰安婦をめぐって日本軍が女性に対して人権蹂躙にあたる行為をはたらいていたことを示す資料というわけではなく、「周旋業者の中に、誘拐に類する悪質な方法で女性集めを行っている不届き者がいて、警察沙汰になったりしてこっちでは問題になっている。そういうことで、慰安婦の募集には、派遣軍の方でも注意を払い、不当な手段で集められた女性が戦地に連れて来られることのないよう、気を配るように」と、陸軍省が陸軍部隊宛てに注意を促している】。

強制連行

(1) 吉田清治氏が好んだ言葉。秦郁彦氏は2000年に逝去した吉田氏と会ってもいたし、晩年の彼と時々電話で話をしていた。1998年9月2日、秦氏は吉田氏に、〈思い切って、「私の著書は小説だったと声明したら」とすすめてみた。返事の要旨は次の通り。「人権屋に利用された私が悪かった。しかし私にもプライドがあるし、85歳にもなって……このままにしておきましょう」〉と言ったようだ[**出典：阿部晃著『日本人なら知っておきたい「慰安婦問題」のからくり』2005年、夏目書房、p. 84-85、「諸君!」、1998年11月号、p. 107-108の孫引き**]。晩節を汚さないことこそプライドだろう。

(2) 日本政府は、陸軍が韓国人女性を強制連行して慰安婦にしたという非難に対し、1992年7月、強制連行（強制徴用）を裏付ける資料は発見されなかったという第1次調査結果を発表した。1993年8月4日、日本政府は特段の新資料がないまま、第2次調査結果を公表した。同日、河野洋平内閣官房長官が談話を発表したが、これは閣議決定されていない[**出典：『河野談話』、https://ja.wikipedia.org/.../、2017年9月9日閲覧**]。河野談話を参照。

(3) 韓国側は朝鮮から20万人の少女が強制連行されたと主張する。一般的には、20万人の少女にはそれぞれ40万人の両親がいて、80万人の祖父母がいる。当時は2人以上の子供がいる家庭が多かったので、その少女20万人の5人に1人の割合で兄や姉がいたとすれば、4万人の兄弟姉妹が姉や妹を奪われたことになる。可愛い少女が強制連行された時、40＋80＋4＝124万人の親族は、誰も当局に苦情を申し立てなかったのだろうか。新聞が発行されている世の中で、彼らの窮状や恨み言は、社会問題にならなかったのだろうか。確かに、1909年に公布された新聞法により、当時の失踪者関連記事が検閲された可能性は否定できない。しかし1940年と1944年時点で朝鮮半島の人口は、それぞれ2,295万人と2,512万人だった［出典：朝鮮半島人口の推移 - Keio University SFC Global Campus、gc.sfc.keio.ac.jp/class/2005_14969/slides/12/20.html、2019年1月11日閲覧］。2,512万人÷124万人＝20.25となる。どんな市町村であれ、20人に1人の割合だった親族が騒げば、当局や新聞に彼らの声が届いたはずだ。女性たちが公娼として慰安婦になったのなら、彼らの沈黙は無理なく説明できる。

強制連行と論点すり替え

(1) 当初挺対協などは、韓国人女性が強制連行され、慰安婦にされたと主張した。その後強制連行の有無が俎上に上がったので、彼らは争点を3段階ですり替え始めた［出典：秦郁彦著『慰安婦問題の決算　現代史の深淵』2016年、PHP研究所、p. 134］。

強制連行―＞広義の強制性―＞性奴隷＝女性の人権問題・倫理問題

(1.1) 第1段階

強制連行については、吉田氏や千田氏の著作を盲信した挺対協の尹教授や朝日新聞が挺身隊と慰安婦とを混同し、これで日本政府を非難できると考えた。ところが特段の資料が発見されなかったことから、軍による強制連行の主張は根拠を失った。彼らは戦術を練り直し、広義の強制性を打ち出すことにした。

(1.2) 第2段階

広義の強制性とは、どういう経緯があったとしても、結果的に女性が自分の意思に反して慰安婦になったというものだ。しかし、その主張は敢えて彼女たちの社会的背景を排除している。つまり、女性が家庭の事情などで親に身売りされ、女衒などの勧誘や誤魔化しがあったこと **[出典：阿部晃著『日本人なら知っておきたい「慰安婦問題」のからくり』2005年、夏目書房、p. 120-140]** や、**女性本人が職を求めて応募した背景を無視している [出典：秦郁彦著『慰安婦問題の決算　現代史の深淵』2016年、PHP研究所、p. 209]**。当時の日本や朝鮮半島では、若い女性が貧困や借財や天災などの被害による生活苦で身売りされたことは事実だった。

広義の強制性を主張するならば、非難されるべき客体は軍になる。しかし慰安婦と軍との距離は近いようで遠い。娼妓契約は言うまでもなく、両親、女衒、便利屋などの仲介業者や営業者が間に入る。その三者を特定し、責めを負わせることは戦術上好ましくない。そこで彼らは論理の飛躍を糊塗し、軍を直接非難するために、もう一つのすり替えを思い付いた。

(1.3) 第3段階

彼らは慰安婦が性奴隷と同じように扱われていたはずだと考え、性奴隷という状況なら人権侵害となると判断した。そしてこれを声高に世界へ訴え始めた。その際、彼らは文玉珠氏の証言や日本人戦争捕虜尋問報告書第49号を便宜上無視せざるを得なかった。

(2) 論点すり替えはさて置き、鄭鎮星氏は上記 (1.2) の社会的背景を複眼的に考察し、以下のように書いている［**出典：資料D〈下〉、p. 371、＊野木香里氏による翻訳**］。尚、梁鉉蛾氏も似たような脈絡で**家父長制**に触れている［**出典：資料D、p. 366、梁澄子氏による翻訳**］。

> 日本軍「慰安婦」問題は、たくさんの社会的条件が重なって形成された問題である。これは日本社会に古くから存在する女性蔑視の慣行と、より具体的には近代に成立した公娼制度および軍隊の慰安所文化と深い関係があり、戦争という極端な状況がその舞台である。農村の幼い女性たちが兄弟に勉強させるためお金を稼ぎに、または自分が勉強するために家を出なければならなかった植民地朝鮮の家父長制が、もうひとつの原因である。日本人男性の八分の一に過ぎない賃金だが、お金をくれる工場、日本人家庭で家事をする使用人の仕事、技術まで教えてくれるという日本の夢のような仕事が手招きする、いわゆる「植民地近代性」が進行していた朝鮮社会に、日本の公娼が入り込んでむしばんでいた。

自虐史観

(1) 自虐史観については、以下のような解説がある［**出典：自虐史観とは【ピクシブ百科事典】、https://dic.pixiv.net/a/、2019年1月15日閲覧**］。

> 自虐史観：読んで字のごとく自虐的な歴史観のこと、またはそれを非難する言葉。
>
> 概要
>
> 一般的には大戦時に起こった事象の負の面について、責任の全てが自国にあるとして過剰に強調する、または正の部分を過剰に貶める・無視し過ぎている、という主張を総合して呼称したもの。日本悪玉史観とも呼ばれる。
>
> 主にこういった自虐的な歴史観や教育を行う人間を非難する意味で利用される。攻撃的な意味合いを持って使用されることもあ

る。

例示(自虐史観ではないかと言われる主張)

戦争中、真偽において諸説ある事象に対して、日本側に責任があるという側面の主張だけを採用・強調し、事件の存在を疑問視する意見を意図的に除外・遮断する(東京裁判、南京大虐殺、従軍慰安婦など)。

当時置かれていた日本の状況を度外視し、戦争に巻き込まれていない現代の倫理観(当時の国際情勢や倫理観を考慮していない見解)で非難する(自国を自衛するための開戦という観点の欠如)。

過去の日本人が行ったことに対する責任を、後世の人間に押し付けて、畏縮させようとする。被害国とされる国の人間に対し、謝罪などを強制する。

東京大空襲、原爆投下など、日本が戦時中に多大な被害を被った事象を安易に「自業自得」「因果応報」と片付ける。

など…。

(2) 上記概要が書いているように、自虐史観という言葉にはそれを主張したり実践したりする人たちを批判する響きがある。この言葉が日本社会に定着したままでいいのか、と真剣に訴え続けた人たちがいる。その中で傑出した理論を展開したのが、批評家の江藤淳氏だった。以下を読んでもらいたい[**出典:斎藤禎『文士たちのアメリカ留学 1953-1963』2018年、書籍工房早山、p. 163-164**]。

江藤は、この論文(*「〝戦後〟知識人の破産」(『文芸春秋』昭和三十五年十一月号))で、丸山眞男に言及している。

江藤の初期を代表する作品のひとつ『作家は行動する』は、丸山の影響を多分に受けている。が、「六十年安保」が終わってみると、江藤は丸山の政治的発言には疑問を抱かざるを得なかった。

丸山は安保騒動のさなかに「復初の説」という講演を行い、「ものの本性、事柄の本源」は、昭和二十年八月十五日にあるとした。宮沢俊義の「八・一五革命説」（「八月革命の憲法史的意味」『世界文化』昭和二十一年五月号）とともに、「復初の説」は革新陣営に大きな影響を与えた。

江藤は、この「復初の説」を〝幻覚〟と断じた。

間違いなく、八月十五日は大切な日だ。十五年前の八月十五日、日本は戦争に負けた。そして法律・制度が変わることになった。

だが、人間まで変わったのだろうか。

八月十五日を絶対視する理想主義は占領下という温室に咲いた徒花（＊あだばな）であり、理想化の時計だけが、八月十五日正午で止まっているのではないか。これは、ある種の虚脱である、と江藤は説いた。

さらに、

〈問題は、しかし、虚脱そのものより、虚脱の合理化にある。〈略〉虚脱の合理化の意味するものは一種の思想的鎖国の完成である。世界は変わるがいい、国際関係は変転するがいい。しかし、日本だけは、八月十五日で停止させられた時間の中に閉じこもって、一切の動きを拒まねばならぬ。これが鎖国の意味で、鎖国は今日まで続いている〉。（江藤淳「〝戦後〟知識人の破産」）

(3)「これが鎖国の意味で、鎖国は今日まで続いている」とは、江藤氏の単なる慨嘆ではない。憤りだ。60年安保に関する論文「〝戦後〟知識人の破産」発表後20年目となる1980年、江藤氏は『一九四六年憲法ーその拘束』（1980年、文芸春秋）を上梓した。その「あとがき」で彼は次のように述べている［出典：斎藤禎『江藤淳の言い分』2015年、書籍工房、p. 240-241］。

そのとき（＊ 1960 年）私は、〝六十年安保〟の内側で、身をもって体験した反安保勢力のファナティシズムとオプティミズム、なかんずく現実認識の欠如に対して激しい憤りを発し、同時にその内側にいた自分に対して深い責任を感じていた。私は当時革新派ですらなく、自民党反主流派に事態収拾を期待して動いた一人に過ぎなかったが、〝六十年安保〟の体験が自己満足的革新派の専有物でないことを明らかにするためにも、私は書かなければならなかった。

いいかえれば、そのときから二十年間、私は多少とも同じことをいいつづけて来たことになる。それは、いうまでもなく、私にとっての責任のとり方であり、憤りの発し方にほかならない。(＊以下略)

(4) 泉下にある江藤氏の憤りが収まることはないだろう。江藤氏が言う「私にとっての責任のとり方」こそ、内村鑑三氏が言う勇ましくて高尚な生き方だ。

事実・真実

(1) デジタル大辞泉は事実と真実とを以下のように定義している[出典：事実、https://kotobank.jp/word/、-519097、真実、https://kotobank.jp/word/、-537634、2019年1月15日閲覧]。

【事実】[名]

1　実際に起こった事柄。現実に存在する事柄。「意外な事実が判明する」「供述を事実に照らす」「事実に反する」「事実を曲げて話す」「歴史的事実」

2　哲学で、ある時、ある所に経験的所与として見いだされる存在または出来事。論理的必然性をもたず、他のあり方にもなりうるものとして規定される。

【真実】[名]

1　うそ偽りのないこと。本当のこと。また、そのさま。まこと。「真実を述べる」「真実な気持ち」

2　仏語。絶対の真理。真如。

(2)「実際に起こった事柄」と「本当のこと」は、一見、同じように思われるが、以下の説明を読むと、両者には明らかな違いがある［出典：意外と説明できない「事実」と「真実」の違い（この記事は私がまとめました－solmesさん、更新日：2014年07月21日）、https://matome.naver.jp/odai/2140210635395427901、2019年1月15日閲覧］。（＊編纂者が本文の一部を編集）

事実は、あるがままの出来事。客観的に見た、唯一の事柄。

真実は、人間の主観に基づき導いた結論。

これは複数の人間が同じ場所で同じ出来事を体験しても、人それぞれの主観（視点や思い）によってその内容が違ってしまうことがある。

事実→実体＝現実に存在する物。実体は、人が考えなくても存在します。

真実→観念＝頭の中で考えた物。観念は、実体がなくても頭の中に作り出せます。

(3) 事実（fact）と真実（truth）については、『バロンの法律用語辞典　第2版』が事実を、『悪魔の辞書』が真実を以下のように定義している（＊編纂者による翻訳）［出典：Barron's Law Dictionary, Second Edition, 1984、Barron's Educational Series, Inc., New York；Ambrose Bierce, The Devil's Dictionary, 1958, Dover Publications, Inc., New York］。残念ながら、『英米法辞典』（ANGLO-AMERICAN LAW DICTIONARY）1988年、初版第二十三刷、有斐閣にtruth（真実）の項目は存在しない。

事実：起こった出来事、実際に存在する状況、又は実際に起こったか、その存在が証拠によって決定される出来事。

真実:望ましいことと見掛け上のものを巧妙に複合させたもの。真実の発見は哲学の唯一の目的となり、古代より最も人の心を煩わせてきたが、誰の目にも、その活発な行為が永久に失われることはないとされている。

(4) 事実と真実については、下記の名言がある(＊編纂者による翻訳)。

事実は真実の敵だ。スペインの作家、ミゲル・デ・セルバンテス、『ドン・キホーテ』の作者[出典:Facts Truth Quotes,www.searchquotes.com › Facts quotes › Truth quotes、2019年1月15日閲覧]

私は長い間生きてきたので、「もし自分の信じていることが事実にそぐわないとしたら、事実の方が最悪なのだ」と言う人々を知っている。しかし、私は彼らとは違う。アメリカの新約聖書研究者、バート・アーマン[出典:同上、2019年1月15日閲覧]。

人権派

(1) 人権については、基本的人権として、デジタル大辞泉は以下のように解説している[出典:基本的人権とは - コトバンク、https://kotobank.jp/word/、-51583、2019年2月11日閲覧]。

人間が人間として当然もっている基本的な権利。近代初頭では、国家権力によっても制限されえない思想の自由・信教の自由などの自由権を意味したが、20世紀になって、自由権を現実に保障するための参政権を、さらに国民がその生活を保障される生存権などの社会権をも含めていう場合が多い。日本国憲法は、侵すことのできない永久の権利としてこれを保障している。人権。基本権。

(2) 人権派という言葉がある。これについては、下記の問いとベストアンサーが興味深い［出典：人権派弁護士はなぜ、左翼なのですか？右翼の ...、https://detail.chiebukuro.yahoo.co.jp/qa/question_detail/、2019 年 2 月 11 日閲覧］。

nik******** さん 2016/7/1223:07:10：人権派弁護士はなぜ、左翼なのですか？右翼の人権派弁護士がいてもいいのですが、いないならその訳を、教えてください。

ベストアンサーに選ばれた回答：the******** さん 2016/7/1303:56:23
「人権派弁護士」の定義によるんですよね。

通常、弁護士は法律で「弁護士は、基本的人権を擁護し、社会正義を実現することを使命とする」と定義されているように、須らく全員が人権派なんです。ですので、他者から、もしくは自ら「人権派」と称している弁護士は基本「行き過ぎている人たち」なんです。

こうした人たちが、少数派（在日外国人や犯罪者）の人権が守られていないと、法律がおかしい、変だと言い、現行体制に噛みつく、つまり左翼的な行動をするので、イメージとして「人権派弁護士＝左翼活動家」とされてしまうんですね。「プロ市民」などと同じですね。これも本来は良い意味の言葉ですしね。

まあ弁護士会とかはこういった政治活動をする人たちの方が出世するんで、（正に政治をしてますから）出世したい人はこういう事をするし、反対側の政治活動をしない穏健な体制側（普通）の人たちは、大きな声を出さないし、それ故に目立ちもしないから、目立たないだけです。

真面目な「人権派」は赤字覚悟で国選弁護や少年裁判、医療裁判、無料法律相談などコツコツと真面目に人権を擁護しています。自民党などにも弁護士の議員は多くいますし。

正義

(1) ブリタニカ国際大百科事典小項目事典の解説［出典：正義、https://kotobank.jp/word/、-85645、2019年1月5日閲覧］によると、正義は以下のように説明されている。

人間の社会的関係において実現されるべき究極的な価値。善と同義に用いられることもあるが，善が主として人間の個人的態度にかかわる道徳的な価値をさすのに対して，正義は人間の対他的関係の規律にかかわる法的な価値をさす。

正義とは何かという問題については古来さまざまな解答が示されてきたが，一般的な価値ないし価値判断に関する見解と同様に，正義を客観的な実在と考える客観主義的，絶対主義的正義論と，正義を主観的な確信と考える主観主義的，相対主義的正義論とに大別できよう。

法思想の領域では，だいたいにおいて自然法論が前者に，法実証主義が後者に属する。従来の正義論のうちではアリストテレスやキケロの見解が名高く，与えた影響も大きい。アリストテレスは，道徳とは区別される正義（特殊的正義）について，配分的正義と交換的正義（平均的正義，調整的正義とも訳される）とを区別し，前者は公民としての各人の価値，功績に応じて名誉や財貨を配分することにおいて成立し，後者は私人としての各人の相互交渉から生じる利害を平均，調整することにおいて成立するとした。キケロは，この配分的正義と同様な内容を「各人に彼のものを」という公式で表現した。

(2) 韓国では正義が日本とは異なって定義されているようだ。ユン・ソルヨン東京特派員が書いた以下の記事を読めば、定義の微妙な違いが明らかになる［出典：中央日報／中央日報日本語版、2019年01月04日06時59分、【グローバルアイ】約束を守る国・日本、正義が重要な国・韓国、2019年1

月５日閲覧]。

新年早々、安倍晋三首相は「ルールを守る国」を強調した。ある新春対談ラジオ番組に出演して韓国を「ルールを守らない国」の範囲にそれとなく組み入れた。司会者が「(日本はルールをしっかり守る国だが)ルールを守らない国に対し、どう接していくかは非常に難しいと思う」と言う趣旨の発言をすると、安倍首相は「自分のことばかりでは結果的に、国際社会は経済成長できないし、安全保障面でも不安定になる。ひいては自国にとって大変なマイナスになる」と述べた。韓国大法院(最高裁)の強制徴用賠償判決を狙った質問と返事だった。

最近会った韓国問題担当の日本外交官は、韓国と日本の認識の違いを説明しながら「韓国語の『オルバルダ』という表現を日本語で表現するのが一番困る」と告白した。「オルバルダ」が「正しい(ただしい)」という単語だけでは説明できないという話だった。日本人にとって「正しい」は、決められた基準に沿って行うことをいう。

合意や約束があればそのとおりすることが「正しいやり式」だ。しかし、韓国で通用する「オルバルダ」の意味は、それこそ時代によって異なって受け止められる。「その時は合っていて、今は間違っていること」が「オルバルダ」という意味として使われるということだ。韓日慰安婦合意や大法院の強制徴用賠償判決がそうだ。「ヨクサ(歴史)パロ(真っ直ぐに)セウギ(立てる)」は日本語にない言葉だ。「歴史を立て直す」としか翻訳できない。

静岡県立大学の奥薗秀樹教授は、韓日間のこのような違いを「重要視する価値が違うため」と説明する。「日本は約束を守ることが重要な国である一方、韓国は正義を重要視する国」という説明だ。

それなら互いの違いを理解して隙間を埋めようとする努力で

もしなければならないが、そうしようとする行為が十分に感知されておらず心配だ。韓日関係はもともとそうなんだという「傍観論」こそ最も警戒しなければならない対象だ。「韓日関係がいつ良かったというのか。少しくらい悪くても構わない」というような認識は、最初から外交をしないという言葉にも聞こえる。新しい年は可視的な相互努力が見える1年になればと思う。

歴史

(1) 『悪魔の辞書』を出版したアンブローズ・ビエース氏は、歴史を、「出来事の説明だが、殆どは嘘であり、殆どは重要ではなく、ならず者や愚か者の為政者によって作り上げられたもの」だとしている（＊編纂者による翻訳）［出典：Ambrose Bierce, The Devil' s Dictionary, 1958, Dover Publications, Inc., New York］。

(2) 江崎道郎氏は、アーサー・シュレージンガー元教授が1991年に出版した『アメリカの分裂』（邦訳・岩波書店）から以下のように引用している［出典：産経新聞2019年2月18日、正論『ヴェノナ文書を歴史戦に生かせ』江崎道郎］。日韓はその意味を咀嚼（そしゃく）しなければならない。

　自らの過去についての概念を持たぬ国民は、自分たちの現在を、そして将来をも処理することができなくなるだろう。国民的自己同一性を規定する手段として、歴史それ自体が歴史を形成する手段となるのである。だとすると、歴史を書くということは、単なる思索から武器へと転化する。…。よってジョージ・オーウェルがその著『1984年』で指摘したように「過去を支配するものが将来を支配する」。

歴史認識

単に歴史と言えば、有史以来書き残されていることだが、ビエース氏が述べたように、歴史の捉え方は人により、民族により、国家により異なる。歴史認識という言葉は、「日本は歴史認識が足りない」という文脈で多用されている。対馬海峡を挟む日本と韓国には、朝鮮出兵、朝鮮通信使、日朝修好条規、日韓併合など長い歴史がある。韓国側が持ち出す歴史認識の歴史とは、日韓の歴史すべてを含んではいない。範囲を特定し、地政学的背景を考慮し、双方の関わりを冷静に分析した上でないと、日韓双方が同じ歴史認識を持つことは困難だろう。

8月15日

(1) 1945年、昭和天皇が終戦の詔勅を発表した日。この日をもって大東亜戦争が終結し、日本が敗戦した。しかし、実質的に戦争が終わったのは、日本が同年9月2日、東京湾に停泊していたアメリカ海軍の戦艦ミズーリ上で降伏文書に調印した時になる。**自虐史観**を参照。

補足だが、その前の8月27日、前夜から駆逐艦初桜に乗り込んでいた大佐2人と通訳を務める竹宮帝次海軍少尉は、相模湾でミズーリに乗り込んだ。周囲を数10隻の軍艦が囲んでいた。竹宮はカリフォルニア州サンペドロで日系移民の子として生まれたが、1939年両親と一緒に熊本に戻った。1944年9月学徒動員で召集されて海軍に入り、広島県呉に転属し、5人乗り特殊潜航艇「蛟竜」に乗り、敵艦に突撃することになっていた。しかし彼は英語力を買われ、1945年7月から横浜市日吉にあった軍令部に移っていた。ミズーリに乗り込んだ大佐2人の役目は、調印式当日、東京湾のどこに軍艦を配置するかだった。彼の英語に驚いた米軍側は、実質的に竹宮と折衝した。その時何度も返答を逡巡する大佐に対し、竹宮は、「今日ここで決めなければならないんです。決めてください」と2人に迫ったと言う **[出典：竹宮氏と朝日新聞山本大輔記者との会話、2003年6月13日、場所は横浜市保土ヶ谷区天王町の沖の寿司、山本記者の取材を調整した編纂者が同席した]**。竹宮氏はその後米海軍に勧誘され、1997年3月、横須賀基地司令部民事部長として退職した。

(2)　大韓民国では、この日を光復節と呼ぶ。

8月14日

2017年9月27日、韓国国会の委員会は8月14日を「慰安婦被害者を称える日」とする法案を可決した[出典：産経新聞2017年9月28日、『慰安婦記念日　法案を可決』]。その翌日、ソウル市鍾路区当局は（＊日本大使館前に設置された）少女像を公共造形物に指定したと発表した[出典：産経新聞2017年9月29日、『慰安婦像　公共物に指定』]。事実抜きで何がどう称えられるのかが理解できない。

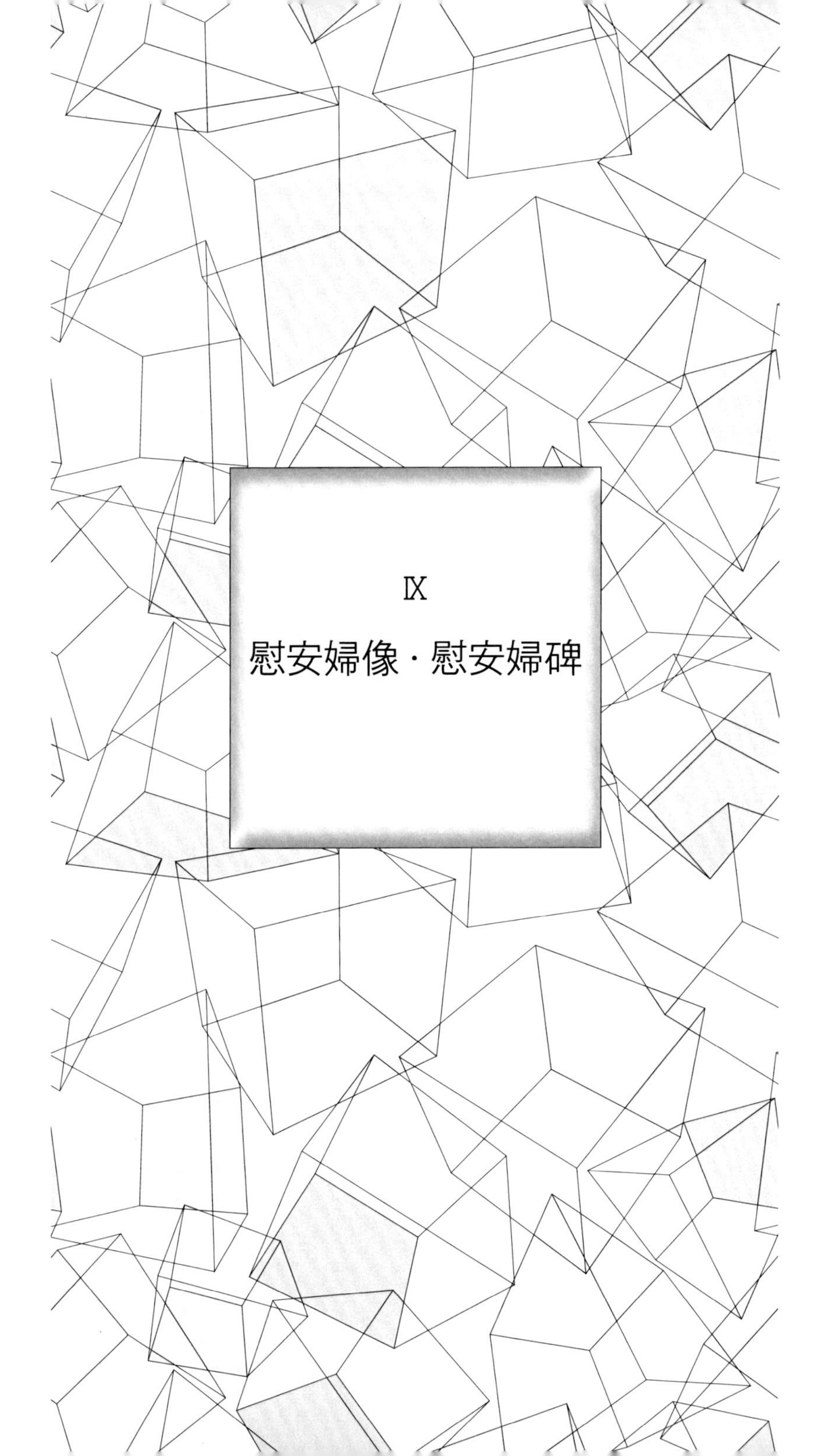

Ⅸ

慰安婦像・慰安婦碑

慰安婦像

⑴　慰安婦像は、韓国内だけでなく、海外にも種々の形態で設置されるようになっている。その発端となったのは、2011年に韓国挺身隊問題対策協議会（挺対協）が、日本軍『慰安婦』問題解決全国行動（通称「水曜デモ」）通算1000回を記念し、ソウル特別市にある在大韓民国日本国大使館前の歩道上に慰安婦像を許可なく設置したものだ［出典：慰安婦像、https://ja.wikipedia.org/wiki/、2019年1月14日閲覧］。

⑵　この像には碑文があり、「平和の像」だとされている［出典：同上］。

> 1992年1月8日、日本軍「慰安婦」問題解決のための
> 水曜デモが、ここ日本大使館前ではじまった。
> 2011年12月14日、1000回を迎えるにあたり、その
> 崇高な精神と歴史を引き継ぐため、ここに平和の
> 碑を建立する。

⑶　この像は少女像とも言われている。慰安婦が少女だったのかどうかについて、朴裕河元世宗大学教授は以下のように書いている［出典：朴裕河『帝国の慰安婦』2014年、朝日新聞出版、p. 153-154、p. 157］。

> 大使館の前に立っているのは、慰安婦になった以後の実際の慰安婦というよりは、慰安婦になる前の姿である。あるいは、慰安婦の平均年齢が二十五歳だったという資料を参考にするなら、実際に存在した大多数の成人慰安婦ではなく、全体の中では少数だったと考えられる少女慰安婦だけを代表する像である。…。結局少女像は、時に家族のために自分を犠牲にした<u>犠牲的精神</u>も、息子ではなく娘が売られやすかった<u>家父長制による被害者性も表出しないままだ</u>。少女像は実際のところ<u>運動や運動家を記念するものであって、慰安婦ではない</u>。くしくも「デモ1000回を記念し

て」作られたように、大使館前の少女像はデモの歳月と運動家を顕彰するものでしかないのである。

(4) 2011年以後、少女像・慰安婦像は中国に3体、香港に5体、台湾に1体、アメリカに8体、オーストラリアに1体、カナダに1体、ドイツに1体設置されている。尚、2013年7月30日、在韓日本大使館前にあるものと同じ慰安婦像がアメリカのカリフォルニア州ロサンゼルス郡グレンデール市に設置された。この像がアメリカで設置された慰安婦像の嚆矢となった[**出典:慰安婦像、https://ja.wikipedia.org/wiki/、2019年1月14日閲覧**]。韓国国内はどうか。2019年2月25日現在、「少女像の設置数が急増し、全国で100体を超えている」ようだ[**出典:西日本新聞2/26(火)11:41配信、『「少女像」日韓の地域交流に影　姉妹都市に苦情相次ぐ、対応に苦慮』、2019年2月26日閲覧**]。

(5) 慰安婦像について以下を付記する。

(5.1) サンフランシスコの少女像

2017年9月22日、サンフランシスコ市及びサンフランシスコ郡当局はセント・メリーズ公園で慰安婦像の除幕式を挙行した。除幕式には駐サンフランシスコ中国総領事、韓国の元慰安婦、マイク・ホンダ前米連邦下院議員などが参加した。市及び郡当局は9月22日を慰安婦記念日として制定してもいる[**出典:産経新聞2017年9月24日、『慰安婦像　米大都市に初　』**]。今までは少女像1体なのに、この公園の像は3体が手を繋いでいる。それぞれは中国、韓国、フィリピンの慰安婦を表している。

(5.2) フィリピン・マニラの女性像

2017年12月8日、中華系団体などが首都マニラの遊歩道に慰安婦を象徴するとして女性像を設置した。台座正面の碑文にはタガログ語で「日本占領下の1942-45年に虐待を受けたフィリピン人女性犠牲者の記憶」などと書かれていた。慰安婦の言葉はないけれど、その像の作成は現地の人権団体「リラ・ピリピーナ」などが2014年から始め、同年10月に碑文作成を要請していた。1990年代の韓国での慰安婦運動をフィリピンに導入した団体だ［出典：産経新聞2017年12月17日『フィリピン慰安婦像ルポ』］。その後この像は撤去された。

(5.3)　フィリピン・サンペドロの少女像

2018年12月28日、フィリピン北部ルソン島中部のラグナ州サンペドロ市で除幕式があり、慰安婦を象徴するとした「少女像」が設置された。ところが、2日後の30日、作業員が戻ってきて像の全てを撤去し、コンクリートの土台のみが残された。この像は除幕式に参加したフィリピン人から「戦時中に虐待された19歳の韓国少女」と説明されていた。フィリピンのドゥテルテ大統領は、「女性像」の撤去については支持する一方、私有地に設置されるならば、日本への「侮辱」には当たらないとの考えを示していた。しかし31日に発表された大統領府声明では「すでに議論された（慰安婦）問題を不当に政治問題化することは控えるべきだ」との立場を表明。「いずれにせよ、日本は補償を含め過去の行為について心から償っている」と言及している［出典：産経新聞2019年1月3日、『フィリピンに設置の「慰安婦像」は撤去』］。

(5.4)　フィリピン・カティクランの慰安婦像

フィリピンの有名リゾートであるボラカイ島の玄関口、パナイ島北部カティクランの桟橋近くの私有地で、2019年2月5日、日本軍占領下の慰安婦など2人のフィリピン人女性をモデルにした像の除幕式が行われた。これはマルコス独裁政権下で妹が比国軍兵士にレイプされたというネリア・サンチョ氏（67）が彫刻家に依頼し、私費と寄付の計70万ペソ（約145万円）を掛けて完成させたものだ。

ほぼ等身大の女性像の土台には「第二次世界大戦時の日本軍による性的奴隷としてのフィリピン人慰安婦」などと書かれている［出典：産経新聞2019年2月6日『フィリピン　また慰安婦像』］。

慰安婦碑

慰安婦像と同じく慰安婦碑は韓国だけでなく海外にも設置されている。慰安婦の悲しみや苦しみを碑に彫り込んだ、とするものだ。慰安婦碑は慰安婦像より数は少なく、アメリカには7基ある［出典：慰安婦碑、https://ja.wikipedia.org/wiki/、2019年1月14日閲覧］。碑文の内容を1つだけ以下に掲げる［出典：慰安婦の碑 – Wikipedia、https://ja.wikipedia.org/wiki/、2019年1月31日閲覧］。

> 日本帝国政府軍により誘拐された200,000人以上の婦女子を偲んで。
> 1930年代～1945年　それは「慰安婦」として知られています。
> 彼女たちは誰も気付かずに去るべきではない人権侵害を耐え忍びました。
> 人間性に反した犯罪の恐怖を決して忘れさせないでください。
> 2010年10月23日　建立　　バーゲン郡　郡長　郡議会　パリセイズ・パーク自治町

慰安婦碑書き換え

(1)　1983年、吉田清治氏は、著書の印税で、韓国の天安市にある国立墓地「望郷の丘」に朝鮮人女性の強制連行を謝罪する石碑を建立した。碑の内容は以下の通りだ［出典：木下直子『「慰安婦」問題の言説空間』2017年、勉誠出版、p. 63］。彼の誤謬については秦郁彦氏がわざわざ済州島へ出掛けて調査している［出典：『慰安婦問題の決算　現代史の深淵』2016年、PHP研究所、p. 8-13］。**朝日新聞の謝罪と記事の取り消し**、**強制連行**も参照。

日本人の謝罪碑

あなたは日本の侵略戦争のために徴用され強制連行されて
強制労働の屈辱と苦難の中で　家族を想い　望郷の念も空しく
貴い命を奪われました
私は徴用と強制連行を実行指揮した日本人の１人として
人道に反したその行為と精神を深く反省して
謹んで　あなたに謝罪いたします
老齢の私は死後も　あなたの霊の前に拝跪して
あなたの許しを請い続けます　合掌
一九八三年一二月一五日
元労務報国会徴用隊長　吉田清治

(2)　謝罪碑の文言はわずか8行。最初の5行は語数で93。この中で「侵略戦争」という言葉の妥当性については有識者に任せるとし、「家族を想い」と「望郷の念」は、異郷にあった慰安婦全員に共通していただろう。では、朝日新聞が吉田氏の言葉を引用した記事を取り消した現在、残り80語弱の中に、客観的事実がどれだけあるのか。吉田氏が現地で謝罪をした時、彼自身は謝罪をしたことにより、精神的に高揚し、陶酔していたのではないだろうか。彼は気が付いていなかったが、その石碑がたとえ100キログラムの重さしかなくても、彼は日韓の間に、1万トン以上のくさびを打ち込んだ。

(3)　吉田の子息の要請を受けた元自衛官奥茂治氏は、2017年3月、その謝罪碑を「慰霊碑」と書いた石板で覆った。この行為について韓国側から出頭命令を受けた奥氏は韓国警察に自ら出頭し、2017年6月26日から拘束されていた。彼の去就については以下の報道がなされている［**出典：産経新聞2018年1月12日『奥被告に猶予付け判決』**］。

【天安＝桜井紀雄】朝鮮半島で女性を強制連行したと偽証した故

吉田清治氏が韓国に建てた謝罪碑を無断で書き換えたとして、公用物損傷などの罪で韓国司法当局に在宅起訴された。2018年1月11日、大田地裁天安支部は、判決公判で、「故意があり、犯行を綿密に計画した」として、懲役6月、執行猶予2年（求刑・懲役1年）を言い渡した。奥被告は、碑の所有権は撤去を依頼した吉田氏の長男にあるとして犯意を否認したが、裁判官は、公的機関が使用する物件を損傷したかを問うものであり、仮に吉田氏の長男の所有であっても影響はないと指摘した。奥被告は、出獄禁止措置により、約200日も韓国にとどまっていた。

判決後、彼は日韓の報道陣を前に、「訴えてきたのは『国の施設が嘘の碑文を使い続ければ、国際的な恥になりますよ』ということ。韓国では、慰安婦問題が吉田氏の嘘の証言から始まっていることがほとんど知られていない」と説明した。彼は、「歴史を見直すというのであれば、慰安婦問題の根源である吉田氏の嘘から見直すべきではないでしょうか」とも言っている。

(4) 吉田氏の子息の決断は言うまでもなく、彼から要請を受けた元自衛官奥茂治氏の実行力は、本来なら重さ1万トン以上ものくさびを砕く程のものだ。吉田氏の謝罪碑があのまま望郷の丘に残るなら、ご子息と奥氏を称える小さな碑も建てられるべきだ。それが無理なら、在韓日本大使館敷地内に碑を建てたらどうだろう。費用の捻出についてだが、朝日新聞が申し出れば、日本政府は快く認可するのではないだろうか。尚、慰安婦碑書き変えについては、大高未貴氏が『父の謝罪碑を撤去します　慰安婦問題の原点「吉田清治」長男の独白』を出版している（＊2017年、産経新聞出版）。

アポロジー（映画）

「The Apology（謝罪）」は元慰安婦とされる女性のドキュメンタリー映画。2018年10月23日、米国公共テレビPBSが放映した。予告編によれば、これまで通り、20万人以上の女性と少女が日本軍の性奴隷にされたという字幕があり、韓国やフィリピンや中国の元慰安婦が証言している［出典：The Apology (2016)、https://www.imdb.com/title/tt5593526/、2018年10月21日予告編閲覧］。

いじめ、嫌がらせ相談窓口（在アメリカ）

(1) 「ひまわりジャパン」は、アメリカのニュージャージー州ティーネックに設立された日本人有志の団体で、2016年6月に設立された。同団体は、「日本の名誉と日本人の誇り」を取り戻すため、在米日本人に対し、韓国が主張する歴史ではなく、歴史の真実を知ってもらおうという啓蒙活動を続けている。

(2) 同団体は2018年6月から在ニューヨーク日本国総領事館と一緒に「いじめ、嫌がらせ相談窓口」も開設している。これは、歴史問題に起因する「いじめや嫌がらせ」が日本人子女に対して起きているからだ。

ひまわりジャパン代表：永門洋子、Email: info@himawarijapan.org、Web: https://www.himawarijapan.org、歴史問題に起因するいじめ相談窓口：Web: http://www.ijimesoudan.org、問い合わせ電話番号：(201) 747-2284

海外日本人子女の窮状

(1) アメリカでの慰安婦像や慰安婦碑設置については、現地に住む日本人が反対している。これは、歴史問題に起因する「いじめや嫌がらせ」が日本人子女に対して起きているからだ。ニュージャージー州では有志がひまわりジャパンを結成し、反対活動をしている［出典：ひまわりジャパンのホームページ、～お知らせ～ - ynagato2110 ページ！、https://www.himawarijapan.org、2019年2月3日閲覧］。

(2) 2012年2月29日、ドイツ連邦議会に動議が提出された。同年11月29

日、これを受けて各党代表が演説を行ったが、その内容は、20万人以上の婦女や少女が騙され、誘拐されて日本軍の慰安所で強制売春をさせられたことを糾弾し、日本の歴史教科書が慰安婦記述を削除したことの妥当性を問うものだった。動議は否決されたが、決議案は政府刊行物として現在もドイツ連邦議会ホームページ上で閲覧できる［**出典：藤岡信勝著『国連が世界に広めた「慰安婦＝性奴隷」の嘘』2016年、自由社、p. 178-180**］。事実誤認に基づく政府刊行物は独り歩きをする。

(3)　2014年3月31日、オーストラリアのシドニーに住む日本人女性は、韓国人関係者が慰安婦像設置を市内に計画していることを知り、懸念を持った。2週間前には、彼らの1人がオーストラリア全体で10基建てる計画があると述べていた。この日本人女性は、像や碑文により子供たちが差別されたり、苛められたりすることを恐れていた。こうした動きが止むとは思われないので、彼女の懸念は次第に現実味を帯びてくる［**出典：同上、p. 136-137**］。

(4)　因みに、海外にある日本人学校、補習授業校、現地・国際校の小学部と中学部に通っている子女数（長期滞在者）は、平成28年度4月15日現在で79.251人だった。10年前の59,109人から34％も増加している［**出典：海外在留邦人調査統計（平成29年要約版）**］。彼らが2年、3年と滞在する間、大使館職員などが学校関係者や両親に、慰安婦に関する事実を明らかにした小冊子を配布しなければ、子供たちは曲解による非難を受けることになる。

● グレンデール慰安婦像撤去裁判 ●●

(1)　この裁判については、以下の報道がある［**出典：産経新聞2017.2.25 07:00『米グレンデール慰安婦像撤去訴訟、日本政府が米最高裁判所に審理求める意見書提出』、2019年2月17日閲覧**］。

米カリフォルニア州グレンデール市に設置された慰安婦像の撤去をめぐり、地元の日本人たちが米連邦最高裁での上告審を求めていることについて、日本政府が「請求は認められるべきだ」との見解を表明した意見書を連邦最高裁に提出したことが24日、分かった。日本政府が連邦最高裁に第三者意見書を提出することは異例。米国内で相次ぐ慰安婦像・碑の設置に関し、日本政府の意見表明の機会になると判断したようだ。

像の撤去を求めているのは、現地在住の目良浩一氏と日系住民らで作るNPO法人「歴史の真実を求める世界連合会(GAHT)」。地方自治体であるグレンデール市が慰安婦像設置を通じて外交問題に関して立場を表明することは、外交における全権を連邦政府に付与した米国憲法に違反するとして、2014年2月、連邦地方裁判所に像撤去を要求する訴訟を起こしたが、地裁と高等裁判所で敗訴。今年1月に最高裁に請願書を提出している。

(2) 同記事にあるGAHTは日本政府が提出した意見書のポイントを以下のように纏めている［**出典：【グレンデール性奴隷慰安婦像撤去裁判　日本政府意見書抄録】連邦政府は外交において独占権を有する、2017年2月、抄録と解説担当GAHT細谷、2019年2月17日閲覧**］。

・(慰安婦) 問題は、像設置の2013年7月以前から日米韓での外交課題であり、人権問題ではない
・地方政府に憲法で表現の自由は保証されてない
・強制連行・性奴隷／20万人等を事実誤認と否定
・問題は日米韓の安保・経済に絡む敏感な外交課題
・日米韓3ヶ国は解決に向けて努力している。米国の主張は一つで地方政府が口出しして邪魔すべきでない
・控訴裁判決は問題。最高裁で審理されるべき

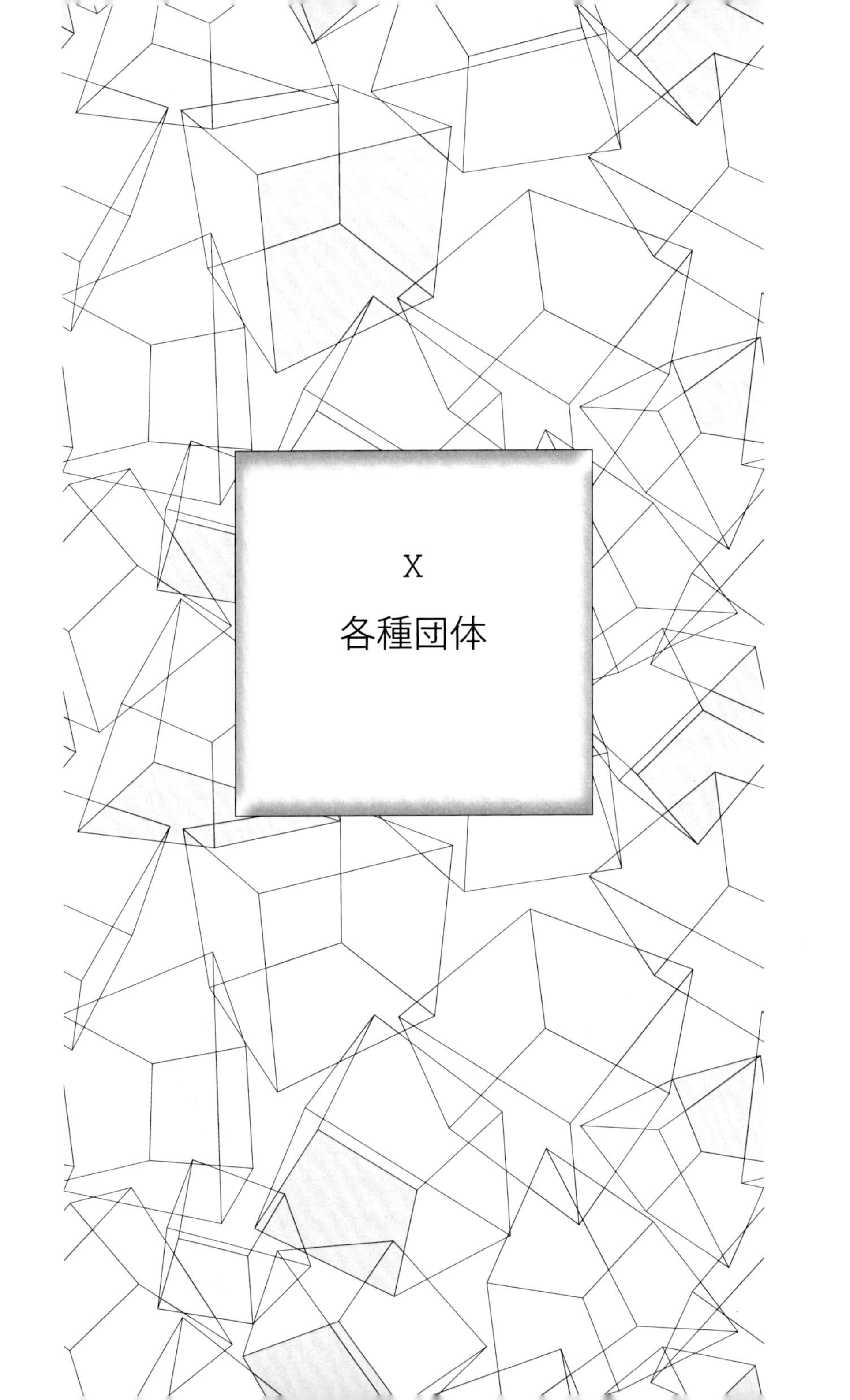

X
各種団体

韓国挺身隊問題対策協議会（挺対協、The Korean Council for the Women Drafted for Military Sexual Slavery by Japan (commonly known as The Korean Council)（＊現在は正義連）

(1) 木下博士は、慰安婦問題が社会問題化する過程を次のように書いている［出典：木下直子『「慰安婦」問題の言説空間』2017年、勉誠出版、p. 72-73］。

> 尹貞玉梨花女子大学教授は、1980年から「慰安婦」制度の調査を始めていた。1988年には韓国教会女性連合会が「挺身隊研究委員会」を設置する。韓国では当時、「慰安婦」はもっぱら「挺身隊」と呼ばれていた。1989年1月、韓国女性団体連合が昭和天皇の葬儀への弔問使節派遣に反対する声明書を発表した際に「挺身隊」の問題に言及。日本に謝罪を要求した。そのように女性研究者や女性団体で問題意識が徐々に共有されていき、さらに1990年1月、尹貞玉の調査報告書である「挺身隊取材記」がハンギョレ新聞に連載されることで、韓国社会への大々的な問題提起となった。

(2) こうした背景があり、1990年末、韓国挺身隊問題対策協議会（挺対協）が設立され、『"挺身隊"怨念の足跡取材記』を書いた尹教授が同会の代表となった。挺対協は元慰安婦に名乗り出るようにと呼び掛け、彼女らと共に日本政府による謝罪と損害賠償とを請求し始めた。

(3) 2018年7月16日、挺対協は組織改編を行い、「日本軍性奴隷制問題解決のための正義記憶連帯」（正義連）の名称で活動に取り組むと明らかにした［出典：朝日新聞デジタル、ソウル＝武田肇 2018年7月16日21時30分 〈韓国元慰安婦支援団体「挺対協」が「正義連」に名称変更〉、2019年1月5日閲覧］。

(4) 正義連は今後、①戦時性暴力の再発防止②日本軍慰安婦問題に関する調査・研究▽次世代に歴史を継承する活動に力点をおくという。理事長には尹美香挺対協常任代表が就いた。…最近はベトナム戦争での韓国兵による性暴力や、アフリカ・コンゴ紛争での性暴力の被害者も支援している［出典：同上］。

(5) 彼らは組織発足時点で挺身隊と慰安婦（公娼）を混同していたので、27年後の名称変更は遅すぎる。彼らが「ベトナム戦争での韓国兵による性暴力」を活動に含めたことも遅すぎる対応だ。**韓国軍慰安所**及び**正義**を参照。

カリフォルニア州教育委員会・市議会

2016年、カリフォルニア州教育委員会が策定した高校の歴史・社会科カリキュラム指針には、慰安婦問題が盛り込まれ、慰安婦は性奴隷だったと明記された［出典：産経新聞2017年9月25日、視線面『米教育界に浸透する韓国の「声」』］。

民主主義社会では、国会（連邦議会）、県会（州議会）、市議会（市議会）の議決は、賛成多数で決まる。通常、議員は議決案件に関し事実関係を精査した上で、同案件に賛否を表明する。ところが、慰安婦像・慰安婦碑案件の場合、議会が精査という手続きを端折ることもあるようだ。カリフォルニア州のグレンデール市やサンフランシスコ市、ジョージア州のブルックヘイブン市、ニュージャージー州のフォート・リー市では、そういう状況があったらしい。例えば、次のような記事もある［出典：産経新聞2017年9月24日、『慰安婦像　米大都市に初』］。**慰安婦像**を参照。

サンフランシスコ：2017年9月22日、サンフランシスコ市及びサンフランシスコ郡当局はセント・メリーズ公園で慰安婦像の除幕式を挙行した。除幕式には駐サンフランシスコ中国総領事、韓国の元慰安婦、マイク・ホンダ前米連邦下院議員などが参加した。市及び郡当局は9月22日を慰安婦記念日として制定してもいる。

カリフォルニア州韓国・アメリカ・フォーラム(KAFC)

(1) カリフォルニア州韓国・アメリカ・フォーラム(Korean American Forum of California, KAFC)をインターネットで検索すると、冒頭に大きな活字でBRINGING JUSTICE FOR THE "COMFORT WOMEN(＊慰安婦問題に正義を、編纂者による翻訳)"と書いてある[出典：Korean American Forum of California https://www.comfortwomenjustice.org、2019年2月3日閲覧]。そこには以下のような書き込みが続く(＊編纂者による翻訳)。

2018年6月28日：慰安婦ポスター・コンテスト

これは第1回のコンテストになるので、中学生と高校生とを対象にしている。優秀者には現金と賞状が与えられる、等々。

2018年6月6日：グレンデールの平和記念像5周年を覚えておこう。2013年に平和像が設置されて以来、グレンデールは世界地図に載った、等々。

2018年5月24日：フォート・リーの生徒が、第2次世界大戦中に虐待された慰安婦に対し、意見を表明。生徒たちによる2年間の努力が実を結び、ニュージャージー州フォート・リーで慰安婦像が除幕された、等々。

2018年4月20日：カリフォルニア州立大学ロスアンゼルス校での講義。カリフォルニア州韓国・アメリカ・フォーラムのフィリス・キムとキャシー・マスオカが慰安婦について話す。映画『アポロジー』の短縮版が講義に先立って上映された、等々。

(2) KAFCについては以下のような書き込みもある[出典：【反日】カリフォルニア州公立高校で始まる慰安婦授 …、asian-news.net/

archives/1321136.html、2019年2月3日閲覧]。

【反日】カリフォルニア州公立高校で始まる慰安婦授業「20世紀最大の人身売買」など[02/07] 2016/2/8 2017/7/22 反日,慰安婦

カリフォルニア州といえば、アメリカでは一、二を争う“教育先進州”。そこで使われる教科書になぜ、「(日本の)慰安婦は性奴隷だ」「20世紀最大の人身売買」「数十万人の婦女子が慰安婦に連行された」などの記述がまかり通っているのか。このままだと、誤った記述が2年後には教科書に盛り込まれることになる。

背景には、米国内での慰安婦像設置運動で米世論を煽り立てた、在米韓国人ロビー活動家たちの存在がある。リーダーはフィリス・キムという韓国系米国人女性。2007年に米下院で可決された決議121号(対日慰安婦謝罪要求決議)を受けて結成された「カリフォルニア韓国系アメリカ人フォーラム」(KAFC)発起人の一人で、事実上の最高指導者である。

同州教育局の公開記録によると、キムは一般意見として「慰安婦授業」の実施に際し、

【1】下院決議121号などの慰安婦関連資料を地域や学校の図書館で閲覧できるようにする、

【2】元慰安婦を招いて話を聞かせ、慰安婦のドキュメンタリー映画を見せる、

【3】慰安婦像・碑の設置運動を続けるKAFCのようなグループを招いて意見を聞くなどとアドバイスしている。

(3) グレンデールに慰安婦を立てた上記KAFCとサンフランシスコに慰安婦像を立てた慰安婦正義連盟“Comfort Women” Justice Coalition (CWJC)は、慰安婦教育のため高校教師用の手引書を作成し、2019年3月15-17日にサンホゼで行われたカリフォルニア社会科大会で配布した。

同大会には高校教師や教育関係者たち600人が参加した［出典：なでしこアクション・ホームページ　2019年3月23日付け書き込み、2019年4月2日閲覧］。中華系の同連盟ホームページは、慰安婦数を40万人の婦女子とし、戦後まで生き延びたのは10～25％だったとしている。

歴史の真実を求める世界連合会GAHT

この団体は以下の理念で活動している［出典：歴史の真実を求める世界連合会｜GAHT-US Corporation、gahtjp.org、2019年3月11日閲覧］。

> 「歴史の真実を求める世界連合会」（The Global Alliance for Historical Truth）は、東京と米国カリフォルニア州のサンタモニカに本拠を置く世界的な組織です。日本で2015年の3月に正式に特定非営利活動法人の資格が認められました。米国においては、2014年2月6日にNon-profit Public Benefit Corporation（登録番号3642963）としてカリフォルニア州の正式認可を受けました。主な活動は、出版、講演、放送などを通じて、歴史上の出来事を事実に基づいて理解させる啓発活動であります。この二つの組織は、お互いに補完しあい、協力して、目的の達成のために行動します。
>
> 日本法人は、外交評論家の加瀬英明を会長として、歴史教科書の改定に尽力した藤岡信勝、なでしこアクションの山本優美子、国際政治学者の藤井厳喜、オペラ歌手の堀野浩史等のこの分野で著名な方が発起人となり、近現代史研究家の細谷清が加わり、また元南カリフォルニア大学教授で日本再生研究会（南カ）会長の目良浩一、貿易商の水島一郎、旅行業の高橋光郎の在米組が名を連ねています。目良浩一と藤井厳喜が共同で代表者になっています。
>
> 今、世界では日本の名誉を貶める運動が盛んに行われています。しかもそれはしばしば、自国に都合よく捏造された歴史を流

布することによって、日本人の名誉を傷つけ、日本国を残忍な、悪辣国家であると断じているのです。日本に対して近隣諸国が、直接働きかけてくるのであれば、日本としても対応の仕方があるでしょうが、今や米国を絡めて、日本たたきを激しく展開するようになってきています。その結果、普通のアメリカ人まで、日本人が異常に残酷で、非人道的な民族であると信じるようになってきているのです。このような状況の下で、我々は日本国の名誉を保持し、日本人の名声を不当な蔑みから守るために、事実に即した歴史の解釈を世界に発信し、誤解を解くためにこの組織を立ち上げました。

なでしこアクション

(1) 2011年、山本優美子氏が中心となり、「正しい歴史を次世代に繋ぐネットワーク～なでしこアクション」を立ち上げた。通称、なでしこアクション(http://nadesiko-action.org/?)。慰安婦問題は男性よりも女性が取り組んだ方が良いと考え、女性の会「そよ風」や正論推進運動に参加する女性の協力を得ている。会員制はとらず、ネットを通じてその時々のキャンペーン賛同者の協力を得て、正論を推進する団体と連携している。目標は、「戦時中、日本軍が慰安婦を強制連行して性奴隷にした」という捏造に終止符を打ち、次の世代に禍根を残さないようにすること。

(2) これまでの主な活動

(2.1) 地方議会の慰安婦意見書への反論

全国36の地方議会が、「河野談話や米国下院決議にもとづき、日本政府に対して元慰安婦への謝罪と賠償を求める意見書」を採択したことに関し、質問状を送ったが、意見書の理由を説明できる議会はないことが判明した。この問題を産経新聞が報道。2014年8月に朝日新聞が吉田清治報道の虚偽を謝罪したことが切っ掛けとなり、各地の地方議会が「慰安婦問題に関する適切な対応を求める意見書」や「河野談話見直しを首相に求める意見書」などを次々と採択。前の意見書を事実上撤回する議会も多くあった。

(2.2) 街頭アクション

2011年12月14日、挺身隊問題対策協議会（挺対協）が韓国の日本大使館前で千回目の水曜デモを実施した。そして挺対協が日本大使館前に慰安婦像を設置した。

同日、日本の外務省前で日本の左派団体が水曜デモを実施した。なでしこアクションは女性数百人を集め、同左派団体の真正面で抗議の声を上げた：「慰安婦は性奴隷という嘘はやめなさい！」、「日本は謝罪も賠償も必要なし！」

(2.3) 「慰安婦問題を糺す」議員会館での活動開始

左派団体は、議員会館内で「元慰安婦の話を聞く会」、「日本政府に謝罪を求める会」などを何度も開催してきた。一方、保守系団体主催による慰安婦問題の集会は開かれたことがなかった。

2012年11月6日、なでしこアクションは、「慰安婦問題を糺し、毅然とした国の対応を求める意見交換会～強制連行も性奴隷も事実無根、慰安婦問題に真実を！」を主催した。政権党ではなかった自民党を初め保守系議員が多数参加し、300人収容大会議室を満席にした。

(2.4) 「米国下院慰安婦決議撤廃」を求め、ホワイトハウスへ請願署名

2007年の下院決議121号が根拠となり、米国各地に慰安婦碑が立ち、地方議会は慰安婦問題で日本を非難する決議を採択し始めた。

なでしこアクションは、ホワイトハウス請願のシステムを利用し、2012年6月から「下院121号決議を撤廃し韓国のプロパガンダと嘘による国際的嫌がらせの助長をやめることを請願します」の署名運動を開始。3万署名以上集め、2014年11月オバマ大統領府から

の回答を引き出した。

署名のお願い　http://nadesiko-action.org/?page_id=1412

大統領府からの返答　http://nadesiko-action.org/?page_id=7439

(2.5)　慰安婦碑・像設置及び慰安婦決議に反対する海外キャンペーン

2010年10月に米国ニュージャージー州パリセイズ・パーク市に慰安婦碑が設置されて以来、韓国系市民団体が主導し、米国、カナダ、豪州、欧州各地で慰安婦碑・像の設置運動が始まった。また、各地の議会では慰安婦問題で日本を非難する決議が次々に採択された。

なでしこアクションは、そうした活動に反対する手紙・メール・署名送付キャンペーンを開始した。これまでの70回近い運動が実を結び、日本国内だけでなく、世界各地にいる物言えぬ一般の日本人が、抗議の声を直接現当事者に送るようになる。現地メディアや韓国系メディアからも注目されている。

(2.6)　国連対策

国連の各人権委員会は、慰安婦は性奴隷だったとの主張を真実だと受け止めていた。

なでしこアクションは、2014年から国連ジュネーブの委員会に意見書を送り、対日審査会にも参加してきた。これまで自由権規約委員会、女子差別撤廃委員会、人種差別撤廃委員会、児童の権利委員会に代表を送った。対国連活動では、「慰安婦の真実国民運動」と連携している。

2016年3月24日、ニューヨークの国連「女性の地位向上委員会」会期中、NGOイベントとして「Women's Rights under Armed Conflict – Japan's Approach to Respect Women」を主催し、各国のNGOに対し、慰安婦問題についての意見表明を行った。

(2.7)　ユネスコ世界の記憶

2016年、中韓日他8カ国合同団体が、「慰安婦は性奴隷」を前提とする登録申請「慰安婦の声」をユネスコ世界の記憶に提出。

この登録を阻止するため、なでしこアクションと日米3団体は、「慰安婦と日本軍の規律に関する文書」を登録申請した。その運動が功を奏し、2017年10月、ユネスコは双方の登録を見送り、両者の対話を求めた。事実上「慰安婦性奴隷登録」を止めている状態となっている。

ひまわりジャパン

いじめ、嫌がらせ相談窓口（在アメリカ）を参照。

日本弁護士連合会

(1)　崇高な理念の下で、弁護士資格を持つ高名な先生方が首脳部におられる団体（略称は日弁連）。組織構造的には、上と下、左と右がある。国会議員の中にも弁護士資格を持つ方々が多くおられるので、啓発されることも多々ある。

(2)　自民党筆頭副幹事長で弁護士登録をしている稲田朋美氏は、日弁連について以下のような意見を持っている［**出典：産経新聞2019年2月15日、「突き進め‼亥年男・女」『日弁連　強制加入おかしい』**］。

昨年12月のインターネット番組で、橋下徹前大阪市長と、日弁連（日本弁護士連合会）が強制加入団体」なのはおかしい、と意気投合しました。

あまりにも政治的だったり、偏ったりしていませんか。「安全保障法制改定法案に対する意見書」や「集団的自衛権の行使等を容認する閣議決定に抗議し撤回を求める会長声明」のほか、憲法9条改正を問題視する決議をしたり…。慰安婦問題でも政府に真相究明と謝罪、賠償などを求める韓国弁護士との「共同宣言」を出しました。

任意団体なら良いのですが、入らないと弁護士活動ができない強制加入団体としてはどうかと思います。弁護士の自治を守る必要はありますが、強制加入団体からくる制限はあるはず。私も橋下さんも嫌がらせ的な懲戒申し立てを何件も起こされています。

XI 戦後慰安施設

RAA（特殊慰安施設協会）

(1) 敗戦後の日本が、進駐軍兵士のために設置した娯楽施設で、売春宿を含む。

東久邇内閣が成立した1945年8月17日直後、政府は進駐軍に対し、婦女子をどう守るかを具体的に検討し始めた。18日には各府県長官に対し、「外国軍駐屯地における慰安施設について」という無電が発送された。23日には特殊慰安施設協会（後にRecreation and Amusement Association）が結成され、27日には協会設立の認可申請書が警視庁に提出された。その前、同協会理事22人は、皇居前で、「新日本再建の発足と、全日本女性の純潔を護るための礎石事業たることを自覚し、滅私奉公の決意を固める」宣誓式を行い、「防波堤を築」くとも言っていた［出典：ドウス昌代（Duus Masayo）『敗者の贈物』1979年、講談社、p. 19、p. 27、p. 40、p. 61］。

そして慰安所に加え、キャバレー、ダンスホール、ビアホールが開店した。この慰安所が国内でのいわゆる良家の子女を守る性の防波堤となった［出典：同上、p. 22］。

慌ただしく設立されたRAAだったが、その営業期間は意外に短かった。それは、①連合国軍最高司令部（GHQ）が性病蔓延（兵士1,000人当たりの性病罹病率は1945年12月28日で221人、1946年1月4日で235人）を危惧し、②GHQの意向を受けた日本側が、1946年1月12日、「公娼制度廃止に関する件依命通達」を出し、③同年2月20日をもって日本政府は一切の公娼制度関係法規を廃し、④同年3月27日、RAAは21カ所の占領軍用慰安所施設をすべて閉鎖したからだ［出典：同上、p. 160、p. 164、p. 167、p. 203］。警視庁調査によると、1945年10月現在、東京都内には1,049人の慰安婦がいたとされている［出典：同上、p. 1. 12］。RAA閉鎖の際、慰安所第1号となった小町園では慰安婦が集められた。RAA本部から来た高松八百吉営業所長が、戦後、良家の子女の防波堤として、身をもって歴史的役割を果たしてくれたことに、国に代わって、心から頭を下げた、と言われている［出典：同上、p. 203-204］。

(2) RAA閉鎖後、慰安婦の大半は街娼になったと言われている。そして連合国軍兵士が多数いた場所には私娼がいた。GHQと日本政府はRAAを廃止することにより、買売春の管理統制責任を民間に丸投げしたことになる。アメリカは性病予防対策を採っていたが、性病蔓延防止にそれ程の効果はなかった[出典：同上、p. 195-199]。因みに、不特定多数の連合国軍兵士を客としていた私娼は「パンパン」と呼ばれ、特定の相手（主に上級将校）のみと愛人契約を結んで売春関係にあった私娼は「オンリー」（英語：»only»から）と呼ばれた[出典：パンパン、https://ja.wikipedia.org/wiki/、2019年1月3日閲覧]。

(3) 上記事実は、戦前戦中の日本軍と同じように、戦後の進駐軍兵士にとっても、性欲を満たす施設が必要だったことを示す。これと似た事例は、朝鮮戦争前後の韓国やベトナム戦争に出征した韓国軍にも見られた。**第5補給品**や**韓国軍慰安所**を参照。

(4) 金子真知子氏は高校の社会科授業で、元慰安婦証言と共にRAAを「性的慰安施設」として以下のように紹介している[出典：高柳美知子・岩本正光編著『戦争と性』2007年、かもがわ出版、p. 74、p. 88-90、p. 88-90]が、生徒は今でも曖昧な証言や大きな誤謬を含む報告書の内容を事実として受け止めているのだろうか。

> 敗戦直後に米兵のための「性的慰安施設」を提供　…。北海道から九州まで全国で7万人もの日本人女性が集められ、早いところでは9月3日から営業を開始し、米兵が殺到したということです。…。なお、この米兵相手の慰安所は、開設から3カ月ほどで性病まんえんなどの理由でGHQ（連合軍総司令部―アメリカ占領軍が中心）が立入禁止令を出し、12月には閉鎖されました。
>
> 授業では、…。96年の国連人権委員会の「クマラスワミ報告」、98年の「マクドゥーガル報告」から一部プリントして説明しまし

た。日本軍「慰安婦」制度は「軍隊性奴隷制」であったという表現には、生徒も私もショックをうけました。

第5補給品・洋公主(Western Princess)

(1) 2002年、慶南大学についで漢城大学教授となった金貴玉氏は、立命館大学で開催された国際シンポジウムに出席し、朝鮮戦争前後、韓国政府及び陸軍が慰安所を設置・運営していたことを明らかにした。軍専用の慰安婦は、特殊慰安隊又は第5種補給品と呼ばれ、韓国を支援した米軍を含む国連軍兵士用慰安婦はUN慰安婦、洋公主(Western Princess)、特殊業態婦と呼ばれた[出典：秦郁彦著『慰安婦問題の決算　現代史の深淵』2016年、PHP研究所、p. 15、p. 51、p. 78-79、p. 84-85]。金教授が公表した内容は、下記(3)で触れる陸軍本部が作成した『後方戦史』に基づいていた。この本は軍史編纂研究所に保管されていたが、韓国国防省が閲覧を不可能にしているようだ[出典：同上、p. 85、『SAPIO』2015年6月号の藤原修平論稿の孫引き]。

(2) 第5補給品の一部については、参考となる資料が残されている[出典：秦郁彦著『慰安婦問題の決算　現代史の深淵』2016年、PHP研究所、p. 87]。朴裕河教授は1954年の時点でUN慰安婦は2,564人いたとしている[出典：朴裕河『帝国の慰安婦』2014年、朝日出版社、p. 292]。

金貴玉教授が引用した表3　1952年特殊慰安隊実績統計表(＊8～12月を省いた)

部隊別		ソウル第1	ソウル第3	ソウル第3	江陵第1
慰安婦数		19	27	13	30
月	1月	3,500	4,580	2,180	6,000
別	2月	4,110	4,900	1,920	6,500
被	3月	3,360	5,600	2,280	7,800

慰	4 月	2,760	4,400	1,700	8,000
安	5 月	2,900	6,800	2,180	5,950
者	6 月	3,780	5,680	2,400	4,760
数	7 月	3,780	6,000	2,170	7,970
1 人当たり 1 日平均		6.4	6.2	5.3	6.7

(3) 第5補給品については、1952年12月30日、東亜日報がコラム『潮流』で、「全国各地に前線将兵の休暇帰郷時、疲れた心身を解放し、勝利のために命までも捧げる真の愛国者たちの士気を高めるための、暖かい慰安所を早急に設置しよう」、と書いている。これは「1952年の年末になり、メディアを通じ、慰安所の施設を拡充するような主張が出始めた」からのようだ。「朝鮮戦争が休戦して3年が過ぎた1956年、陸軍本部は『後方戦史』という本を出版。この本は特殊慰安隊の詳細を明らかにしている」[出典：韓国軍慰安婦 第５種補給品（慰安婦＝女性）は 、https://www.youtube.com/watch?v=6QKfzVSUEos。、2019年２月４日閲覧]。

(4) 第5補給品は公娼、私娼、性奴隷のうちどれだったのだろうか。韓国政府は資料を提示して彼女たちの境遇を明らかにしておかないと、後になって困るような気がする。

韓国軍慰安所

2015年、山口敬之 TBS テレビ・ワシントン支局長は、4 月 2 日号の週刊文春誌上で、ベトナム戦争中に韓国軍が、自国軍兵士（時にはアメリカ軍兵士）に利用させるため、トルコ風呂と呼ばれる慰安所を設置運営していたことを明らかにした。慰安婦は皆ベトナム人だった [出典：秦郁彦著『慰安婦問題の決算　現代史の深淵』2016 年、PHP 研究所、p. 16、79]。この報道に関し、2 つの続報を紹介する。

①ケント・ギルバート弁護士は、『**韓国軍にベトナム人慰安婦がいた！二カ国語Part2（拡散自由）**』と題したブログを書いている［**出典：「ケント・ギルバートの知ってるつもり」のブログ、2015-05-28 22:18:28 https://ameblo.jp/workingkent/entry-12032249233.html、2019年1月7日閲覧**］。以下では、いくつかの要点を抜粋させていただいた。ギルバート氏の事実確認手法には頭が下がる。

今回、米国の公文書によって初めてその存在が明らかになった、サイゴンの「韓国軍慰安所」とは、一体どのように運営されていたのか。

ハンス・イケス氏（70）。60年代後半にアメリカの通信インフラ会社からサイゴンに派遣され、その後数年間にわたってベトナムとアメリカを往復したというイケス氏は、…、トルコ風呂について質問が及ぶと、周りを憚るように声を潜めた。「『トルコ風呂』は、当時サイゴンにいた人の間では、『射精パーラー』（Steam and Cream Parlor）と呼ばれていました。若いベトナム人女性から性的サービスを受けることが出来たからです」。

作業を続けて半年程経った頃、ベトナム戦争を戦った経験のある米軍OBからEメールが送られてきた。

アンドリュー・フィンライソン氏（71）。米海兵隊の歩兵部隊長として67年から2年8カ月に渡ってベトナム戦争を戦い、サイゴンをはじめ南ベトナム各地を転戦。退役後は紛争地域の軍事顧問団として活躍し、ベトナム戦争に関する著作も発表している研究者だ。「韓国軍の慰安所は確かにサイゴンにありました。よく知っています」。…。「米軍司令官が指摘している韓国の慰安所とは、韓国軍の兵士に奉仕するための大きな売春施設です。韓国兵士にセックスを提供するための施設です。それ以外の何ものでもありません」。

フィンライソン氏によれば、問題の施設は、トルコ風呂としてはかなり大規模なものだが、サイゴン市内の別の場所には、これよりもさらに大きい慰安所があったという。施設は内部が多くのブロックに分かれていて、1区画に20人前後のベトナム人女性が働かされていたという。…。「こうした売春施設で働いている女性はほぼ例外なく農村部出身のきわめて若い女性でした」。

施設に行った事があるという別の米軍OBは、匿名を条件に次のように証言した。

「ほとんどが10代の少女だった。16歳だという少女もいたし、もっと幼く見える女の子もいた。こうした農村出身の素直で華奢な少女に夢中になる兵士も多く、こうした者は『Yellow Fever（黄熱病）』と揶揄されていた」。

南ベトナム政府の元官僚で現在はワシントン郊外に住むグエン・ゴック・ビック博士に話を聞く事ができた。…。ビック博士が最も強調したのが、慰安所設置に踏み切った、韓国の国家としての意思だ。「一部の不良がやっていた違法行為でなく、韓国政府が政策としてやっていたのなら、看過されるべきではない。国家が関与したこういう行為は、決して正当化する事はできないのです」。

問題の書簡を（＊米軍司令官から）受け取った蔡命新司令官は、61年に朴正熙がクーデターを起こした直後に幹部に抜擢した、腹心中の腹心だ。蔡命新は、94年に執筆した自叙伝『死線幾たび』の中で、朝鮮戦争当時韓国軍が慰安所を運営していた事実を認めている。

韓国軍によるベトナムでの慰安所経営がアメリカの公文書によって明らかになった今、朴槿恵大統領は自ら発した言葉に自ら応える義務を負った。彼女が慰安婦問題を、反日を煽る内政や外交のツールではなく、真に人権問題として捉えているのであれば、サイゴンで韓国兵の相手をさせられたベトナムの少女に思いを致すだろう。何人の少女が、どのような経緯で慰安婦にされたのか。意に反して慰安婦になる事を強いられた女性はいなかったのか。どんな環境で働かされたのかなど、率先して調査するだろう。韓国の元慰安婦に対して行ったのと同じように。そして、韓国軍慰安所と日本軍慰安所は、どこが同じでどこが異なっていたのか調査し、何が問題で何が問題でないのか検証するだろう。こうした公正な姿勢によってのみ、日韓両国の慰安婦問題が整理され、両国が真の和解に向かう礎が生まれると私は信じる。

②韓国メディア「腹立たしいが反論は困難」　文春“ベトナム韓国軍慰安所”報道［出典：産経ニュース、2015.10.17 20:55、https://www.sankei.com/world/news/150513/wor1505130021-n...、2019年1月7日閲覧］。

韓国軍慰安所の存在をスクープした週刊文春のリポート

韓国軍がベトナム戦争中に、サイゴン（現ホーチミン）に「慰安所」を設けていた－という「週刊文春」のスクープ記事の余波が、韓国国内で広がっている。同国メディアが、朴槿恵（パク・クネ）政権に対し、軍による慰安所運営の実態を調査するよう注文をつけたのだ。自国の恥部を、明らかにできるのか。（夕刊フジ）

「週刊文春の『韓国軍トルコ風呂』報道、腹立たしいが反論は困難…」

ハンギョレ新聞（日本語電子版）は4月25日、こんな神妙なタイトルの記事を掲載した。問題としたのは、同誌4月2日付春の特大号に掲載された、TBSの山口敬之ワシントン支局長（当時）による衝撃リポートだ。

文春記事は、山口氏が米国で発見した公文書に「韓国軍による韓国兵専用の慰安所」の存在が明示されていたという内容で、これを裏づける元米軍海兵隊幹部の証言なども盛り込まれている。

朝日新聞が大誤報を認めたことで、日本の慰安婦問題の核心（強制連行）は崩壊している。それでも、韓国が「解決」を求め続けていることを念頭に、山口氏は「もし韓国政府がこの問題を黙殺したり、調査もせず否定したりするなら、彼らこそ都合の悪い事実に背を向け、歴史を直視しない国家であることを、国際社会に対して自ら証明することになる」とリポートを結んでいる。

ハンギョレは「腹立たしくはあるが反論しにくい主張だ」と指摘し、韓国政府に対して「慰安所の運営・管理に軍当局がどこまで介入したのかなどを明らかにするための調査と後続措置に乗り出さなければならない」と促しているのだ。

夕刊フジで「新・悪韓論」を連載する、ジャーナリストの室谷克実氏が背景を分析する。

「私の知る限り、文春報道を取り上げた韓国メディアはハンギョレだけだ。同紙は韓国内では左派メディアと位置づけられており、軍に対して批判的な報道が目立つ。『アンチ軍』の立場から文春のスクープに飛びついたのだろう。一方、他の韓国メディアの中には『軍と対立したくない』という空気が強く、ハンギョレの報道を追いかける可能性は低い」。

ハンギョレはこれまでにも、韓国の恥部といえる、韓国軍によるベトナム民間人虐殺疑惑や、「基地村女性」「洋公主(ヤンコンジュ)」などと呼ばれた米軍慰安婦の問題を取り上げてきた。

今回の報道が、政府や軍への本格的追及につながるとは考えにくい。ただ、報道がなければ「韓国の人々は、軍の慰安所に言及した公文書の存在を全く知らされなかった」(室谷氏)だけに、その意義は大きいといえそうだ。

ライダイハン

(1) ライダイハン(ベトナム語: Lai Đại Hàn、難大韓)とは、大韓民国がベトナム戦争に派兵した韓国人兵士と現地ベトナム人女性の間に生まれた子供、あるいはパリ協定による韓国軍の撤退と、その後のベトナム共和国(南ベトナム)政府の崩壊により取り残された子供のことである。京郷新聞によれば、ベトナム戦争が終わって残された子供は少なくとも3000人以上、2、3万人との推算もある。ベトナム人女性が韓国兵や会社員などと結婚し生まれた子どももいるとされるが、韓国兵による強姦によって生まれた子どもも多数存在し、国際問題となっている。ライはベトナム語で「混血」を意味し、ダイハンは「大韓」のベトナム語読みである［**出典：ライダイハン、Wikipedia、https://ja.wikipedia.org/wiki/、2019年1月18日閲覧**］。

(2) これについては、以下の記事が出ている［**出典：産経新聞2019年1月18日、歴史戦、『団結し正義実現まで行動を』 韓国「ライダイハン」追及 英で集会**］。

【ロンドン＝岡部伸】ベトナム戦争に派遣された韓国軍兵士による現地女性への性的暴行などで生まれた「ライダイハン」と呼ばれる混血児の問題を追及する英民間団体「ライダイハンのための正義」は16日、英議会内で集会を開いた。イスラム教スンニ派過激組織「イスラム国」(IS)の性暴力を告発してノーベル平和賞を受賞したクルド民族少数派ヤジド教徒、ナディア・ムラド氏(25)は「性暴力に対して団結し、正義の実現まで行動を」と訴え、韓国の戦争性犯罪である同問題への連携した取り組みを訴えた。

同団体の「国際大使」を務めるストロー英元外相は「ライダイハンが求めているのは謝罪でも賠償でもなく、韓国政府が悲惨な性暴力を起こした事実を認めることだ」とあいさつ。国連人権理事会に調査を申し立てたと明らかにした。

ヘイグ元外相は「戦場で性暴力被害にあった人々をサポートするのが英外交政策の一つ」と述べた。

(3) ライダイハンについては、韓国の民間団体が支援したという報道はあるが、韓国政府が公式に対応したという報道は見掛けない。これについては、「韓国メディアの反応」として、以下の記述がある[**出典：ライダイハン、https://ja.wikipedia.org/wiki/、2019年1月18日閲覧**]。

リベラル紙を発行するハンギョレ社は、1999年5月に自社の週刊誌『ハンギョレ21』にて掲載した記事を皮切りに、ベトナムでの韓国の戦争犯罪やライダイハン問題をたびたび取り上げ、韓国の世論に衝撃を与えた。これに対し、韓国の海兵隊の退役軍人にて組織される「枯葉剤戦友会」などの団体は、2000年6月27日に2400名という大集団を率いてハンギョレ社を襲撃した。彼らは同社内のあらゆる事務機器を破壊し、同社幹部を監禁し、同社の従業員十数名を負傷させた。これだけの不当かつ大規模な暴力事件が生じたにもかかわらず、警察に連行されたのはわずか42名に留まり、身柄を拘束された者は4名のみであった。

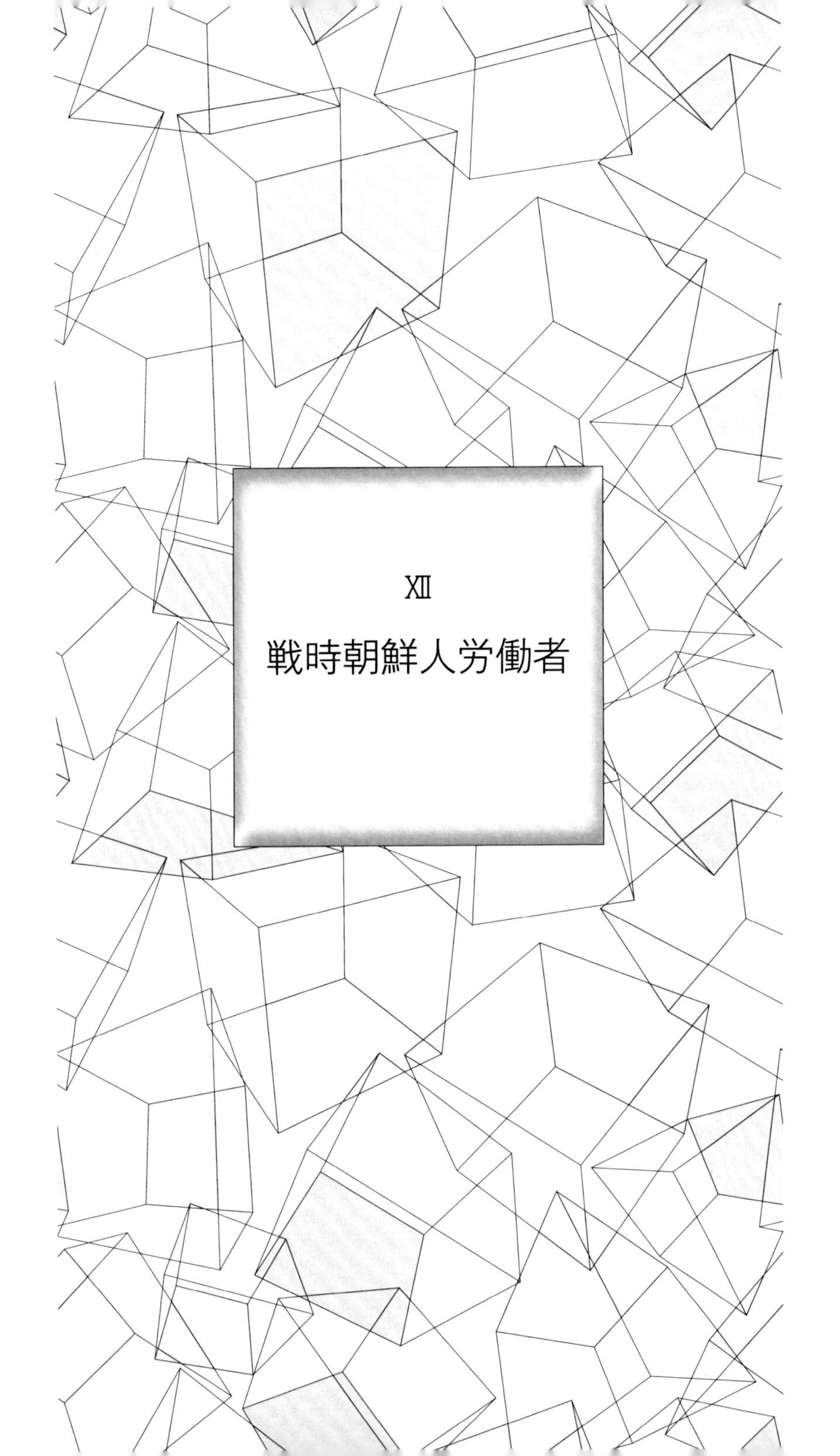

XII

戦時朝鮮人労働者

軍艦島

⑴　インターネットで軍艦島を検索すると、この島を見学するツアーがある。

クリックすると、先ず「世界遺産軍艦島」とあり、以下のように紹介されている［出典：軍艦島上陸・周遊ツアーなら¦軍艦島コンシェルジュで…www.gunkanjima-concierge.com/、2019年1月14日閲覧］。

軍艦島（端島・はしま）は長崎港から船で18.5kmの距離に浮かび、伊王島、高島、中之島の先に位置しております。陸路では、長崎半島最南端の野母崎半島は、軍艦島が最も近く臨まれ、「軍艦」の形に見える位置となっています。軍艦島の周囲海洋は、釣り人達の間では魚の宝庫ともいわれ、五島列島と並ぶ釣り人達の憧れの地でもあるのです。

⑵　もう1つ別の欄を検索すると、昔の戦艦や巡洋艦に見えるような島の写真が出ている。そして、以下のような言葉が並ぶ［出典：軍艦島（端島）、gunkanjima-nagasaki.jp、2019年1月14日閲覧］ので、誰しも穏やかな景色に加え、軍艦島で掘り出された石炭が、明治以来、日本の産業発展に貢献したことを想像するだろう。

「石炭産業の盛衰の歴史を今に伝える」、「日本最古の鉄筋高層アパートが流れた時間を物語る」、「日本の近代化を支えた「産業遺産軍艦島」」

祝！世界遺産登録「明治日本の産業革命遺産　製鉄・製鋼、造船、石炭産業」2015.07.08

軍艦島も構成資産の一つとなっている「明治日本の産業革命遺産　製鉄・製鋼、造船、石炭産業」が、平成27年7月8日、世界遺産に登録されました。

(3) 一方、単に観光するだけでなく、もっと軍艦島について知りたいと思えば、松木國俊氏が本を書いている。同書の「はじめに」には以下のような記述がある［**出典：松木國俊『軍艦島　韓国に傷つけられた世界遺産』2018年、株式会社ハート出版、p. 3-6**］。

> 2018年3月、取材のために韓国の地を踏んだ私は、そこで繰り広げられている常軌を逸した「反日教育」に驚愕しました。忠清南道天安の「独立紀念館」では、女性がトラックに積み込まれ、性奴隷にされる場面をジオラマで再現しており、日本兵が朝鮮人慰安婦姉妹を無慈悲に射殺するシーンを三次元立体映像で放映しています。釜山の「国立日帝強制動員歴史館」では、朝鮮人少女を慰安所で日本兵が強姦する「再現ビデオ」まで公開しています。これらを子供たちに見せて日本への恐怖と恨みを植えつけているのです。
>
> ソウルのターミナル駅である龍山駅前の広場では、「過酷な強制労働」で骨と皮になった「徴用工」の像が哀れを誘い、日本大使館前でも、釜山の日本総領事館前でも「慰安婦像」が「日本」を睨みつけています。…。
>
> 2017年8月に韓国で封切られた映画『軍艦島』も、フィクションと言いながら、その狙いが日本糾弾にあることは明らかです。…。
>
> 本書では、そのような人々の証言や一次資料を基に、映画『軍艦島』の各シーン及びこの映画を作るにあたって製作者が参考にしたとみられる書籍類を検証し、そこにある歴史のねつ造を一つ一つ明らかにしてまいります。…。
>
> 軍艦島での「残虐行為」も「強制連行」も、捏造された「嘘」であることが分かれば、韓国の人々の心に巣くっている日本への「復讐心」も次第に消えてゆくでしょう。日韓の間に本当の信頼関係を築くことも可能となるはずです。

(4) 松木氏は関係者からの聞き取りを実施し、軍艦島での事実を明らかにしている。その事実は、韓国側が主張する真実とは異なっている。事実と真実を参照。

戦時朝鮮人労働者(＊徴用工)

韓国では、戦時中に日本へ渡って働いた人たちを一方的に徴用工と呼び、強制労働をさせられたとしている。彼らは人が働くような環境ではない場所に押し込まれ、同僚だった日本人労働者と比べ、遥かに粗末な食事しか与えられず、骨と皮になる程、こき使われていたと主張する。軍艦島を参照。

徴用工訴訟

(1) 韓国では元徴用工だったと主張する人たちが、何件かの訴訟を国内で起こしている。2018年10月30日、韓国大審院(最高裁)は被告新日鉄住金に対し、原告の訴えを認める判決を下した。同年11月29日、これに次ぐ2つ目となる同様の判決が三菱重工の上告を棄却し、原告の損害賠償請求を認めた。一連の判決について、韓国内には下記のような危機感もある。

【コラム】「反日の代償」は高い **[出典：2018年12月5日付け朝鮮日報日本語版コラム『【コラム】「反日の代償」は高い』、2018年12月6日閲覧]**

事故や災害で被害が予想されるのにもかかわらず、「大したことないだろう」と思っているうちに惨事となる現象の原因を、社会心理学者たちは「正常性バイアス」(Normalcy bias)という言葉で説明する。過去に何度も経験した時の記憶にとらわれ、より大きな危機に直面しても、自分にとって大したことない状況だと認識しようとする心理的傾向は「経験の逆機能」の1つだ。日本に対する文在寅政権の対応はこれに当たるのではないかと強い疑問と不安を抱いてしまう。

10月30日の徴用被害者（徴用工）に対する韓国大法院（最高裁判決）は極めて「大韓民国の裁判所らしい」判決だ。外交条約にまで口出しできる司法権を持つ裁判所は、経済協力開発機構（OECD）加盟国にはほかにないと聞いた。約50年間にわたり維持してきた合意や約束を覆せば相手が反発して関係が悪化するだろう、ということは誰もが知る事実ではなかったのか。ところが、韓国外交部（省に相当）は「日本側の過度な反応を遺憾に思う」と言い返した。ほおを殴っておきながら、殴られた人が腹を立てるのを非難するのと同じだ。

今、日本の世論は、もはやこれ以上悪化しようがないというほど悪化している。徴用被害者判決に続き、慰安婦問題解決のために発足した「和解・癒やし財団」まで解散となり、最悪の韓日関係は奈落に沈んでいる。日本側では「韓国は国家としての体をなしていない」というは極端な発言が飛び出し、韓国と顔を合わせるのが嫌だと言って韓日議員連盟を脱退した議員もいる。安保・軍事情報を断とうという声があるかと思えば、ビザ免除措置廃止などの措置を取ろうという動きもある。目に見えない規制や支援中止は既に始まっている。

明白なのは、時間が経つにつれて悪化しているという事実だ。「歴史問題疲労症候群」や「中国傾斜論」などの失望が度重なり、韓国から離れようというムードの中、日本の方から先に各協定の廃棄に動くと言い出してもおかしくない状況になっている。韓国政府の外交責任者たちは「日本はあってもいいが、なくても大した不便はない国」くらいに思って扱っている。

鄭権鉉（チョン・グォンヒョン）論説委員

【社説】徴用判決への対策、ためらう余裕ない＝韓国 **[出典：2018年11月30日中央日報/中央日報日本語版、2018年12月6日閲覧]**

昨日、強制徴用および勤労挺身隊被害者に対する韓国最高裁の賠償判決が下され、最悪の韓日関係が奈落に落ちている。今回の判決は先月30日の徴用被害者に対する賠償責任を認めた最高裁全員合議体の判断の後に出たもので、予想されたものだった。こうした中で21日には慰安婦問題の解決のために設立された和解・癒やし財団の解散が発表され、韓日関係に及ぼす悪影響は致命的かもしれない。

実際、日本政府は河野太郎外相の談話を通じて「国際裁判や対抗措置も含め、あらゆる選択肢を視野に入れ、毅然とした対応を講ずる考えだ」と宣言した。徴用判決で韓国に対する日本の世論は悪化するだけ悪化している。27日には埼玉県秩父市が来月から実施する予定だった江陵（カンヌン）との相互派遣プログラムを延期した。

この国の最高司法機関である最高裁の判決は尊重されなければいけない。しかし、日本との葛藤が深刻の状況で政府が手放しにしてよいわけではない。政府は「日本側の過度な反応は遺憾」として自制を要求するだけで、これといった対応策を出せずにいる。

…。時間が経つほど事態が悪化するのは明らかだ。似た徴用関連の宣告が次々と予定されている。特に裁判で勝った被害者が強制執行を通じて日本企業から物質的な補償を受ける場合、戻ることのできない橋を渡ることになる。どうにかして政府は後遺症を最小化する妙案を一日も早く見いださなければいけない。北朝鮮の核問題だけでなく北朝鮮のインフラ開発など外交安保的な側面で日本の力が必要な時が近づいている。隣国との関係を必要以上で悪化させてはいけない。

(2) 上記最高裁判決に基づき、原告側は三菱重工の資産差し押さえを裁判所に請求している。これに関し、以下の続報がある［**出典：産経新聞2019年3月11日、『欧州でも資産押収検討』**］。

韓国最高裁が三菱重工業に賠償を命じる確定判決を出した元朝鮮女子勤労挺身隊員の訴訟で、韓国で同社の資産差し押さえを裁判所に申請した原告側弁護団が、欧州でも資産差し押さえを検討していることが10日分かった。賠償額相当の価値の資産を韓国で確保できない可能性があるためとしている。

日帝下軍隊慰安婦実態調査　中間報告書

(1) 1992年7月31日、韓国政府は日帝下軍隊慰安婦実態調査　中間報告書を発表したが、その中には以下の記述がある［出典：阿部晃著『日本人なら知っておきたい「慰安婦問題」のからくり』2005年、夏目書房、p. 92］。

> 戦争政策遂行にそってとられた全国民動員措置の一環として動員された〝女子勤労挺身隊〟と〝慰安婦〟とは基本的に関係がないものである。国民学校勤労挺身隊も〝慰安婦〟とは無関係なものである。(「日帝下軍隊慰安婦実態調査　中間報告」／「勤労挺身隊と慰安婦」の項目)

(2) つまり女子挺身隊とは、戦時中の人手不足を補うために日韓で集められた女性のことで、韓国政府はこの事実を認めていた。同中間報告書は挺身隊問題実務対策班（班長：外務部亜洲局長 金錫友）が作成している［出典：韓国政府による「日帝下軍隊慰安婦実態調査 中間報告 …」、scopedog.hatenablog.com/entry/20140830/1409427806、2019年2月9日 閲覧］。

あとがき

この解説一覧を書き終えた今、記述に不備があることを危惧しているが、少し肩の荷を下ろした。

今回の編纂については、岡崎研究所の主任研究員だった鈴木邦子氏となでしこアクション代表の山本優美子氏に激励された。年金生活を送る歳になると、世間からは忘れられると思っていたが、2人の女性からの支援は心強かった。彼女たちは、小生がかつて紅顔の美少年だったことを知らないはずだが、幸運とはいつか巡って来るのかもしれない。

そこまで言うと、読者には、「慰安婦問題を取り上げながら、軽率な発言だ」と叱責されるかもしれない。

それはそれとして、小生は今も煙草を吸い、晩酌を欠かさない。因みに、平成28年度の煙草税と酒税は国税収入の3.7%で、ガソリンなどを含む揮発油税の4.3%に近い[出典:知っているようで知らない「たばこ税」と「酒税」…、https://allabout.co.jp/gm/gc/428072 執筆者:田中卓也　税金ガイド、2019年2月1日閲覧]。

最後に、明治維新の陰の立役者だったにも拘わらず、肺結核を患い29歳で逝った高杉晋作の辞世を掲げる。世の中は基本的に競争、意地の張り合い、足の引っ張り合い、欲と欲とのぶつかり合いだ。しかし彼の言葉を噛み締めて生きるのが術だと思う。世の中はそれ程捨てたものではない。

おもしろき　こともなく世を　おもしろく　すみなすものは　心なりけり

下の句の「すみなすものは…」は野村望東尼(のむらぼうとうに、又は、もとに)という女流歌人が付けた句だと言われる[出典:高杉晋作の辞世の句《奇兵隊創設者》¦心に残る辞世の句、https://www.last-song-of-life.com/entry8.html、2019年2月1日閲覧]。

長尾秀美

長尾秀美（ながお ひでみ）

1952年、島根県浜田市に生まれる
1973年、山口大学文理学部数学科中退
2012年、米海兵隊岩国航空基地司令部、在日米海軍司令部などに勤め、
　　　定年退職
現在、神奈川県横浜市在住
趣味：酒、煙草、料理、月一の川崎競馬

ノンフィクション作家として
『日本要塞化のシナリオ』2004年、酣燈社
『日米永久同盟』2005年、光文社

小説家　鯖江友朗として
短編集『これってあり？』2012年、風詠社
短編集『これでいいの？』2013年、ブックウェイ
短編集『これでもいいのかな？』2014年、ブックウェイ
中編小説『海軍と父と母…絆としがらみ』2015年、ブックウェイ
（＊衆議院議長公邸長だった増岡一郎氏本人と父親の生涯を小説化した）
中編小説『これってオヤジのたわごと？』2016年、ブックウェイ
短編集『これって終活？』2017年、ブックウェイ
中編小説『漣の行方』2017年、ブックウェイ
（＊実際の殺人事件と護衛艦あたごと清徳丸の衝突事故を題材とした）
短編小説集『これってオンナのたわごと？』2019年、ブックウェイ

慰安婦（公娼）問題関連用語――解説

2019年5月18日発行

著　者　長尾秀美
発行所　ブックウェイ
〒670-0933　姫路市平野町62
TEL.079（222）5372　FAX.079（244）1482
https://bookway.jp
印刷所　小野高速印刷株式会社

ISBN978-4-86584-400-9

乱丁本・落丁本は送料小社負担でお取り換えいたします。